für Marta und Nole !

Lisa Echcharif

Rettung für Nori

Toni und Jonas als Tierschützer unterwegs

Tierisch viel Freude mit dem Buch

Lisa Echcharif

Dieses Buch gehört:

_____

_____

Lisa Echcharif

Rettung für Nori

Toni und Jonas als Tierschützer unterwegs

LIMBU Lese-Info-Mitmachbuch (Hrsg. Hans-Jürgen van der Gieth)

Bibliografische Information der Deutschen Bibliothek
Die Deutsche Bibliothek verzeichnet diese Publikation in der Deutschen
Nationalbibliografie; detaillierte bibliografische Daten sind im Internet über
http://dnb.ddb.de abrufbar.

www.buchverlagkempen.de

Hrsg. Hans-Jürgen van der Gieth
1. Auflage, Kempen 2018
© 2018 BVK Buch Verlag Kempen GmbH, Kempen

Lektorat: Simone Mann, BVK
Umschlaggestaltung: Daniela Heirich, BVK, unter Verwendung der
Bilder: Hintergrund: © Elena Larina / Shutterstock.com; Balken: © saki80 /
Shutterstock.com; Pfotenabdruck: © IY28 / Shutterstock.com; Pfotenspur:
© Nikola m / Shutterstock.com; Kröten: © Roman Belus / Shutterstock.com;
Welpen: © Nopphadol Hongsriphan / Shutterstock.com; Berner Sennenhund:
© DragoNika / Shutterstock.com; Katze: © DavidTB / Shutterstock.com
Gestaltung: Daniela Heirich, BVK
Illustrationen Charaktere: Daniela Heirich, Oberhausen
sonstige Illustrationen und Fotos: stock.adobe.com
Druck / Bindung: GrafikMediaProduktionsmanagement GmbH, D-Köln

Best.-Nr.: LI106, ISBN 978-3-86740-789-2

Inhaltsverzeichnis

Eine verletzte Pfote

Der Tag roch schon nach Frühling, als Toni auf ihrem Fahrrad in den Hof einbog. Die ersten Gänseblümchen blühten, und im Kuhstall hörte sie eine Kuh muhen. Jeden Moment würde Emil um die Ecke flitzen, ihr Berner Sennenhund. Stürmisch begrüßte er Toni jeden Tag, wenn sie aus der Schule kam. Manchmal erwartete er sie sogar vor dem Schultor. Doch heute war weit und breit nichts von ihm zu sehen. Beunruhigt warf Toni ihr Rad gegen den Holunderstrauch, die Schultasche hinterher. „Emil? Emil, wo bist du?" Ein leises Winseln führte Toni zur Sommerhundehütte im Obstgarten. Dort lag Emil. „Oh, nein! Was ist passiert?" Toni fiel auf die Knie und umarmte Emil.

Steckbrief

Name: *Riedmüller*

Vorname: *Antonia*

Spitzname: *Toni*

Alter: *12*

Wohnort: *Mühltal*

Schule: *Agathengymnasium Burgstein*

Lieblingsfächer: *Biologie, Sport*

Berufswunsch: *Tierärztin*

Hobbys: *Emil und Mistral, Tierschutzgruppe „Pfotenfreunde", Aikido, Gitarre*

Lieblingstiere:
ALLE ohne Ausnahme, sogar Spinnen; besonders Katze Mistral und Berner Sennenhund Emil

Lieblingsfarben:
Jeansblau, Himmelblau, Froschgrün und Schwarzglänzend wie Mistrals Fell

Lieblingsessen: *Falafel, Gemüsecurry, Müsli, keine Tiere*

besondere Kennzeichen: *Muttermal am Hals*

An den jungen Grashalmen konnte Toni Blut erkennen. Vorsichtig untersuchte sie Emils Pfoten. Er winselte, als sie die linke Vorderpfote hochhob. Daraus lugte eine bräunliche Glasscherbe hervor. „Du Armer! Wo hast du dir die eingetreten? Müssen diese Leute ihre Flaschen einfach in die Gegend werfen?" Die Scherbe steckte tief in Emils Pfote. Toni brauchte Hilfe. „Emil! Ich hole Mama. Wir helfen dir, hab keine Angst." Sie wuschelte durch sein dichtes Fell. Emil verstand. Er legte seinen schweren Kopf ins Gras und blickte Toni nach.

Steckbrief

Name: *Emil*

Rasse: *Berner Sennenhund*

Alter: *4*

Fell: *dreifarbig (schwarz-braun-weiß), lang und wellig*

Größe: *Schulterhöhe 66 cm*

Wesen: *aufmerksam, gutmütig, wachsam, furchtlos und seeehr lieb*

besondere Eigenschaft: *treu zu allen Familienmitgliedern, inkl. Mistral*

Lieblingsmensch: *Toni*

Lieblingsfutter: *Rinderleber und Hüttenkäse*

Lieblingsmusik: *wenn Toni Gitarre spielt und singt, jault er mit*

Lieblingsplatz: *im Sommer im Schatten der Trauerweide, im Winter auf dem Holzboden im Flur*

Weder im Haus noch im Stall oder auf dem Hof fand Toni ihre Mutter. Das Auto war weg und ans Handy ging sie auch nicht. „Mist! Mist! Mist! Was soll ich jetzt tun?" Sie konnte Emil doch nicht mit der Scherbe liegen lassen. Im Flur nahm Toni ein sauberes Handtuch vom Wäscheständer. Dabei fiel ihr Blick auf den Futternapf ihrer Katze Mistral. Komisch, er war voll. Doch darüber konnte sie sich jetzt keine Gedanken machen. Zuerst musste sie Emil helfen. Irgendwie würde sie ihn schon zu Ulrike in die Tierarztpraxis bringen. Dr. Ulrike Mayr hatte ihre Praxis neben dem Tierheim und war auch die Leiterin der „Pfotenfreunde". Mindestens einmal in der Woche besuchte Toni die Jugend-Tierschutzgruppe. Ulrike war ihr großes Vorbild. Laufen konnte Emil die Strecke bis zur Praxis auf keinen Fall, zum Tragen war er viel zu schwer. Das hätte nicht einmal Tonis großer Bruder Jo, eigentlich Johannes, geschafft, und der hatte Muckis von der Arbeit auf dem Bauernhof. Blieb nur der Leiterwagen. Toni zerrte ihn von ganz hinten aus dem Schuppen. Fragend blickte Emil auf, als Toni mit dem Leiterwagen vor ihm stand. „Emil, ich bringe dich jetzt zu Ulrike. Komm, steig auf!" Keine Chance. Der Leiterwagen war zu hoch. Auch wenn Toni mit anschob, kam Emil auf drei Beinen nicht hinauf. Mit einem Brett baute Toni schnell eine Rampe. Nachdem sie noch eine Decke in den Wagen gelegt und das Handtuch um die verletzte Pfote gewickelt hatte, konnte Emil einsteigen.

9

„Ich wusste gar nicht, dass du so schwer bist, Emil", ächzte Toni, während sie ihn zu Ulrike zog.

Zum Glück war die Tierärztin in der Praxis. „Toni! Seit wann fährst du Emil wie eine Puppe spazieren?" Ulrike lachte. Doch dann sah sie Tonis ernstes Gesicht. „Was ist passiert?"

Noch während Toni von Emils Verletzung berichtete, zogen sie den Leiterwagen in den Behandlungsraum. Der unterschied sich kaum vom Sprechzimmer ihres Hausarztes, nur dass in der Mitte ein OP- und Behandlungstisch stand. Toni fragte sich, wie sie Emil dort hinaufhieven sollten. Doch Ulrike ließ einfach den Tisch hinunterfahren, sodass Emil hinüberhumpeln konnte. Dann schaltete Ulrike die große Lampe über dem OP-Tisch an und untersuchte Emils verletzte Pfote. Das Tuch, das Toni über die Wunde gewickelt hatte, war schon ganz rot. Die Scherbe steckte zwischen den Ballen der Pfote.

„Halb so wild", beruhigte Ulrike. „Es sind keine Sehnen verletzt. Hundepfoten bluten meistens ziemlich stark."

Toni seufzte erleichtert und sah genau zu, wie Ulrike Emil weiter behandelte. Die Tierärztin sprach beruhigend auf den Hund ein und gab ihm eine leichte Betäubungsspritze. Dann zog sie die Scherbe aus der Pfote, reinigte die Wunde mit einer Jodlösung und trug eine Salbe auf. Gegen die Schmerzen bekam Emil noch eine Spritze. Zum Schluss umwickelte Ulrike Emils Pfote mit einem Verband. „Chic siehst du aus", sagte sie.

Toni lachte und bemerkte, dass sich ihre Hände lösten, die sie vor Anspannung die ganze Zeit über krampfhaft zusammengepresst hatte. „Danke, Ulrike! Ich bin so froh, dass du Emil geholfen hast! Oh! Jetzt habe ich in der Aufregung gar kein Geld mitgenommen. Wie viel bekommst du für die Behandlung?"

„Das kannst du auch später noch zahlen", sagte Ulrike. „Ich muss sowieso den Betrag erst ausrechnen. So ungefähr 40 bis 50 Euro werden es sein, aber den Tierschutz-Rabatt ziehen wir natürlich noch ab."

Als Emil wieder im Leiterwagen saß, umarmte Toni Ulrike und machte sich auf den Weg nach Hause.

Tierärzte

Tierärzte studieren ca. 10 Semester lang. Häufig zeigt sich schon im Praktikum, welchen Bereich der Tiermedizin die Studenten später wählen. Als Tierarzt kann man – wie in der Humanmedizin (bei den Menschen) – fast alle Fachrichtungen wählen. Tierärzte arbeiten in Kleintierpraxen, Großtierpraxen, gemischten Praxen, in Tierkliniken oder Tierheimen. Sie müssen auch in der Nacht arbeiten, wenn es einen Notfall gibt. Kann einem Tier nicht mehr geholfen werden, muss der Tierarzt es einschläfern. Dann brauchen die Menschen der Tiere vom Tierarzt oft viel Trost und Verständnis.

Was möchtest du später einmal werden?

_____

_____

_____

Mit seinem dicken, weißen Verband humpelte Emil hinter Toni ins Haus. Der Futternapf von Mistral stand noch immer unberührt im Flur. Emil schnupperte daran, humpelte weiter in die warme Küche und legte sich unter den Küchentisch.

Toni streichelte ihn ausgiebig und lobte ihn dabei. Nach dem ganzen Stress schlief Emil ein. Auf Toni wartete die nächste Sorge.

Wo war Mistral?

Steckbrief

Name: *Mistral*

Rasse: *Hauskatze*

Alter: *2*

Fell: *schwarz, kurzhaarig*

Größe und Körperbau: *eher klein und schlank*

Wesen: *scheu gegenüber Fremden, freiheitsliebend*

besondere Eigenschaften: *blitzschnell, versteht sich gut mit Emil, liegt gern auf seinem Rücken*

Lieblingsmensch: *lässt sich nur von Toni streicheln*

Lieblingsfutter: *Mäuse, Spatzen und Emils Rinderleber*

Lieblingsmusik: *gar keine; flüchtet, wenn Toni singt*

Lieblingsplatz: *zwischen Emils Vorderpfoten*

Hast du auch ein Haustier? Oder vielleicht sogar mehrere? Hier kannst du alles eintragen, was man über dein Haustier wissen sollte:

Steckbrief für

Tierart: _____

Rasse: _____

Alter: _____

Aussehen, Fell etc.: _____

Größe und Körperbau: _____

Wesen: _____

besondere Eigenschaft: _____

Lieblingsmensch: _____

Lieblingsfutter: _____

Lieblingsplatz: _____

Sonstiges: _____

_____

Hier kannst du ein Foto einkleben.

2 Unfreiwilliger Neubeginn

Mit quietschenden Reifen kam der Wagen zum Stehen.
Jonas sah von seinem Tablet hoch. „Verdammte Viecher!"
Vor dem Auto trottete eine Horde Kühe gemächlich über die
Straße. Riesige, vor Dreck starrende Tiere, deren glubschige
Augen ihnen jeden Moment aus den Köpfen zu fallen schienen.
Jonas sah weg.
Er wollte nicht in dieses Kuhdorf ziehen. Hier waren die Wege
abseits der Hauptstraßen nicht einmal geteert. Von einer Klet-
terhalle oder einem Skaterpark konnte er sowieso nur träumen.
Wo zum Teufel sollte er nun skaten? Am besten hätte er seine
Boards gleich in Frankfurt verkauft.
Bäh, was stank denn hier so widerlich?
Direkt vor dem Auto hatte eine Kuh den Schwanz gehoben
und einen fetten Fladen mitten auf die Straße platschen lassen.
„Hier bekommt man echt die Seuche", schimpfte Jonas. „Soll
ich jetzt nur noch mit Stelzen herumlaufen?"
„Ist doch nett, so ein Begrüßungskomitee." Mom kicherte.
„Lieber Kuhdung als Abgase", predigte Dad und nahm
    einen tiefen Zug Landluft.

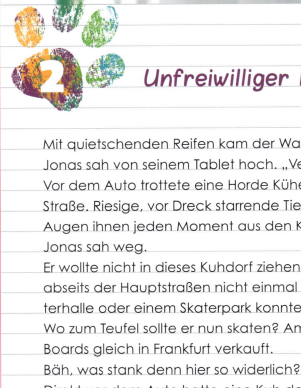

    Doch Jonas konnte auf diesen Empfang verzichten. Er
    wollte sich gar nicht vorstellen, welches Getier sich sonst
    noch in dieser Einöde herumtrieb: Ameisen, Stinkeziegen,
    Katzen und bestimmt auch Hunde. Jonas spürte, wie
    sich die Haare auf seinen Armen aufstellten.

Endlich fuhr der Wagen wieder an und prompt war auf dem
nächsten Ortsschild „Mühltal" zu lesen.
„Wir sind da", rief Mom aufgeregt und klatschte in die Hände.
In ihrem langen Rock sprang sie aus dem Wagen und hüpfte
im Garten herum. Voll peinlich.

Umzug

**Bist du schon einmal umgezogen?
Wie war das für dich?**

gute Erfahrungen

schlechte Erfahrungen

Was hat dir geholfen, dich in deinem neuen Zuhause einzuleben?

Wie einen Schutzschild trug Jonas sein Skateboard vor sich her. Er ging auf das neue Haus
zu, blickte nicht nach links und nicht nach
rechts. Dass der Baum neben der Einfahrt
sich super zum Klettern eignen würde, wollte
Jonas ebenso wenig sehen wie das Riesen-
trampolin, das die Vorbesitzer zurückgelassen
hatten. Er würde hier nichts gut finden.
Auf dem Nachbargrundstück hörte er
einen Hund bellen, ausgerechnet. Mom
hatte freudestrahlend berichtet, dass dort die Vermieter
wohnten und einen Toni hatten, der in Jonas' künftige Klasse
ging. Jonas brauchte keinen neuen Freund! Er hatte seine
Skater-Clique in Frankfurt. Tim, Sami, Dani und die anderen
waren garantiert gerade in der Halfpipe unterwegs. Jonas
wünschte sich, er könnte den Fahrtwind auf der Haut spüren.
Da schoss zwischen den Sträuchern ein riesiges, zotteliges,
schwarzes Monster mit triefenden Lefzen auf ihn zu. Mit starr
auf Jonas gerichteten Augen knurrte das Ungeheuer, fletschte
die Zähne und schnappte nach ihm. Jonas klammerte sich an
sein Board und schaute vorsichtshalber weg.
„Ach, komm schon, Jonas. Der freut sich doch über seine
neuen Nachbarn. Wie freundlich er guckt", sagte Mom fröhlich
und fuhr ihm durch die Haare.
Jonas stieß ihre Hand weg und sah sie herausfordernd an.
„Lass das, Mooom!"

„Flora! Du sollst mich Flora nennen! Wie oft soll ich dir das noch sagen", kam prompt die Reaktion.

Manche seiner Freunde hätten sich Jonas' Eltern gewünscht.

Ihm allerdings wären normale Eltern lieber gewesen.

Also solche, die nicht so auf „cool" taten.

Deine Eltern

Was machen deine Eltern?
Was sollte man über sie wissen?

_____

_____

_____

Was findest du besonders toll an deinen Eltern?

_____

_____

Das sind meine Eltern

Was unternimmst du gern mit deinen Eltern?

_____

Was stört dich an deinen Eltern?

_____

Was sollten sie anders machen?

_____

_____

Doch nun glaubte Jonas die schleimigen Monsterzähne
an seinem Bein zu fühlen. Er warf sein Skateboard über die
Türschwelle und hechtete hinterher, als plötzlich ein schriller
Pfiff aus dem Nachbargarten ertönte.
„Emil, hierher!"
Das Hundemonster sprang an Mom hoch, bellte sie an
und trottete dann in den Nachbargarten zurück.
Uff, Jonas atmete erst einmal erleichtert durch!
Mit zwei Koffern kam Dad, alias Rüdiger, um die Ecke
und passte nicht durch die Tür. Trotzdem trompetete er:
„Ah! Diese Landluft … und so viel Platz!"
„Hier bleibe ich nicht! Das könnt ihr vergessen!", rief
Jonas und flüchtete in den ersten Stock.

Steckbrief

Name: *Winter*

Vorname: *Jonas*

Alter: *12 Jahre*

Wohnort: ~~*Frankfurt am Main,*~~
Mühltal: Ich bleibe nicht da!

Schule: *keine Ahnung, wie die
neue Schule heißt*

Lieblingsfächer: *Sport, Sport, Sport*
Berufswunsch: *Sportmoderator*

Hobbys:
*Skaten, Longboarden,
mit meiner Frankfurter
Clique abhängen, Klettern,
Computer*

Lieblingstier:
keines, niemals!!!

Lieblingsfarbe: *Neongelb*

Lieblingsessen: *Cheeseburger, Pommes*

Lieblings-You-Tube-Kanal: *„Braille Skateboarding"*

Seine Möbel wirkten in dem riesigen Zimmer wie beim Waschen eingelaufen. Trotz der Berge an Umzugskartons war genug Platz, um ein paar Kickturns zu fahren. Doch Jonas war nicht nach Skateboard-Tricks.

Die Sonne, die durch die Sprossenfenster unverschämt hereinschien, verhöhnte ihn. Wütend kickte er das Board in die Ecke und warf sich auf sein Bett. Es roch nach zu Hause, nach Großstadt, nach Frankfurt. Wie gut, dass Mom zu faul gewesen war, die Bettwäsche zu waschen. Tief sog er den Geruch ein und wischte sich dann zornig über die Augen. Er wollte nicht hier sein, aber weinen kam nicht in Frage.

Skateboarden entstand in den 1960er-Jahren in den USA. Nach der Erfindung von Polyurethan-Rollen erlebte der Sport einen Aufschwung. Schlankere Formen des Boards seit den 1990er-Jahren ermöglichen neue Tricks. **Longboards** sind größer und haben größere und weichere Rollen. **Waveboards** sind zweigeteilt, bewegen sich slalomartig vorwärts und werden auch im Sportunterricht eingesetzt.

Heimweh

Heimweh ist kein schönes Gefühl.
Hast du Ideen, was man dagegen tun kann?

Der Neue

Natürlich galten Tonis erste Gedanken Emils Pfote und Mistral, als sie am nächsten Morgen aufwachte. Den ganzen Abend hatte sie vergeblich nach ihrer Katze gesucht.

Die Futterschale war leer. Aber wo war ihre Katze?

Den ganzen Hof, den Stall und Mistrals Lieblingsverstecke suchte Toni ab. Vielleicht hatte Emil das Katzenfutter gefressen. Sie sah ihn vorwurfsvoll an. Doch dann bekam sie ein schlechtes Gewissen und strich ihm über den Kopf. „Wie geht es deiner Pfote, mein tapferer Held?" Zwischen Emils Vorderpfoten schnurrte es genüsslich.

„Mistral! Da bist du ja! Ich hatte schon Angst, du bist entführt worden."

Die Katze war zwischen Emils Fell kaum zu sehen. Als Toni sie hochnehmen wollte, wand sie sich und drückte sich näher an Emil, der ihr das verstrubbelte Fell glatt leckte.

„Ich sehe schon, da habe ich nichts zu melden."

Beinahe war sie ein wenig eifersüchtig auf Emil.

Tonis Blick fiel auf die Küchenuhr.

„Mist! Schon so spät!" Toni hatte völlig die Zeit vergessen.

Das Frühstück musste ausfallen, auch wenn Mama die Zutaten für Tonis Müsli schon auf den Tisch gestellt hatte, bevor sie in den Stall gegangen war.

Immer wieder verschwinden **Katzen.** Dies kann viele Ursachen haben: Weglaufen, Verkehrsunfälle, von Jägern aus Versehen – oder absichtlich – erschossen, in Kellern, Garagen etc. eingeschlossen …
Ob Katzen auch von sogenannten Katzenfängern für Tierversuche oder zur Pelzverarbeitung verschleppt werden, darüber sind sich Tierschutzgruppen nicht einig.

Hunde und Katzen

Zwei sind wie Hund und Katz heißt es sprichwörtlich.

Dass sich Hunde und Katzen oft nicht verstehen, liegt zum Beispiel an der völlig unterschiedlichen Körpersprache: Hunde wedeln mit dem Schwanz, wenn sie sich freuen, Katzen dagegen, wenn sie nervös sind oder Angst haben. Hunde knurren zur Abwehr, Katzen schnurren, wenn sie sich wohlfühlen …

Angst und Neugierde gehören zum Wesen beider Tierarten. Wenn sie langsam und einfühlsam aneinander gewöhnt werden, können Hunde und Katzen aber auch Freunde werden. Dazu muss am Anfang täglich mit den Tieren geübt werden. Das kann zwei, drei Monate dauern.

- Der Hund darf die Katze nicht jagen.
- Der Futternapf des anderen muss tabu sein.
- Beide müssen den Raum verlassen dürfen, wenn es ihnen zu viel wird.
- Wichtig ist auch, dass die Menschen ruhig bleiben, denn die Tiere spüren Angst oder Unsicherheit.

Frühstück

Das Frühstück ist die wichtigste Mahlzeit des Tages, sagen Ernährungsexperten. Frühstückst du gerne oder bleibst du stattdessen lieber länger im Bett liegen? Was isst du am liebsten zum Frühstück?

TONIS LIEBLINGSMÜSLI

3 El Fünfkornflocken

1 El Rosinen
(vermengen und mit heißem Wasser bedecken; $\frac{1}{4}$ Stunde quellen lassen)

50 g Naturjoghurt

1 Handvoll gemischte Nüsse

$\frac{1}{2}$ kleingeschnittenen Apfel

1 Tl Agavendicksaft

$\frac{1}{4}$ Tl Zimt
(zugeben und unterrühren. Genießen!)

Du kannst natürlich auch andere Früchte oder Beeren verwenden und statt Agavendicksaft flüssigen Honig oder Ahornsirup nehmen.

Toni konnte noch nicht mal nachsehen, ob sie die richtigen Bücher in die Schultasche gepackt hatte. Im Vorbeigehen schnappte sie sich einen Apfel aus der Obstschale und rannte in den Hof. Dort knallte sie ihre Schultasche auf den Boden, als sie den Platten im Vorderreifen ihres Fahrrads entdeckte. „Grrr! So ein blöder Tag!"

Toni blieb nichts anderes übrig, als zur Schule zu laufen. Als sie am Austragshaus vorbeikam, fiel ihr noch ein, dass sie ja den Neuen abholen wollte. Aber der war jetzt bestimmt schon in der Schule. Toni bog in die Hauptstraße ein und rannte los. Wenn sie sich beeilte, konnte sie in einer Viertelstunde in der Schule sein. Nach der ersten Steigung auf den Riedberg ging es fast nur noch bergab. 14 Minuten war der Rekord, den sie bisher auf ihrem Schulweg hielt. Meistens fuhr sie jedoch mit dem Rad. Damit ging es satte 10 Minuten schneller.

Als Toni aus der steilen Kurve bog, die vom Riedberg ins Höllental führte, sah sie ein gutes Stück vor sich ihre beste Freundin Alina mit dem Fahrrad.
„Aa-liii-naa!", schrie sie ihr hinterher. Wenn sie auf dem Gepäckträger mitfahren könnte, wäre das die Rettung des Tages.

Austragshaus
nennt man ein kleines Gebäude innerhalb einer Hofanlage, in dem die alten Leute, die ehemaligen Bauern wohnten. Wird es nicht benötigt, kann es auch vermietet werden.

23

Schulweg

Wie ist dein Schulweg? Gehst du zu Fuß oder fährst du mit dem Rad, dem Bus …? Was siehst du alles auf deinem Schulweg? Was gibt es Besonderes?

Tipp

- Lerne deinen Schulweg neu kennen.
- Wenn du normalerweise mit dem Fahrrad (oder auch mit dem Bus) fährst, gehe ihn zu Fuß. Ob du das machen kannst, hängt natürlich davon ab, wie weit der Weg zur Schule ist.
- Versuche, ihn mit Hilfe eines Freundes blind zu gehen („Wo bist du gerade?").

Gerade, als sie erneut rief, fühlte sie einen heftigen Schlag von hinten. Noch bevor sie darüber nachdenken konnte, was passiert war, landete sie auf der Straße. Ein stechender Schmerz fuhr durch ihren linken Ellbogen und etwas Hartes bohrte sich in ihren Rücken. Über ihr kam gerade noch ein fremder Junge zum Stehen. Toni starrte ihn verwirrt an. Wer? Was? Dann fiel ihr Jonas ein, der Sohn der neuen Mieter. Der Junge stand einfach nur da, wie eine Statue mit offenem Mund – und rührte sich nicht. Na toll! Das war wirklich ein blöder Tag und das hier war die Krönung. Wollte diese Knalltüte sich vielleicht bewegen? „Ahhh!" Der Ellbogen tat verdammt weh. Toni richtete sich auf und nahm das harte Teil weg, das sich in ihren Rücken gebohrt hatte. Ein Skateboard! Der war wohl zu blöd zum Bremsen!

Toni war richtig sauer.

Alina hatte den Lärm gehört und war zurückgekommen. „Das war ja mal eine Stuntnummer", sagte sie und grinste. „Toller Einstand!", rief sie Jonas zu.

Toni warf ihr einen fragenden Blick zu und fauchte dann den Neuen an: „Bist du stumm?"

„Äh! Tut mir leid", stammelte Jonas, als wäre er gerade erst aufgewacht. Dabei sah er sie aber nicht einmal an, sondern starrte auf Emil. Wo kam Emil denn auf einmal her? Toni bemerkte, wie die Beine des Neuen neben ihr anfingen, leicht zu beben. Ihr Blick ging an ihnen hoch. Wie ein Bollwerk hielt Jonas seine Schultasche vor sich. Seine Augen waren tellergroß.

Emil knurrte nicht, bellte nicht, gar nichts. Aber Jonas stand weiter stocksteif da.

„Hey, das ist doch nur ein Hund! Emil hat noch nie jemandem etwas getan", sagte Toni.

Jonas reagierte nicht. Er zuckte aber zusammen, als Emil wie zur Bestätigung bellte.

„Willst du mir vielleicht endlich aufhelfen?", fragte Toni und streckte Jonas die Hand hin.

Ein paar Millimeter schob Jonas seine Hand nach vorne, ohne den Blick von Emil zu wenden. Doch dann zog er sie schnell zurück.

Alina schüttelte den Kopf. „Komm, wir müssen los! Wir sind sowieso schon spät dran", drängte sie und half Toni auf.

Die staubte sich die Hose ab, warf sich den Rucksack auf den Rücken und gab Emil einen Klaps auf das Hinterteil.

„Los! Ab mit dir, Emil. Geh nach Hause!"

Sichtlich unwillig setzte sich ihr Hund im Zeitlupentempo in Bewegung. Sein Verband leuchtete auf dem schwarz glänzenden Fell, und er humpelte ein wenig. Toni schwang sich auf den Gepäckträger und sagte halblaut: „So eine Memme, der Neue! Emil ist der allerliebste Hund der Welt."

Alina trat in die Pedale. Als Toni zurückblickte, sah sie Jonas, wie er dastand und Emil nachblickte.

Kaum hatten sie den Schulhof erreicht, ertönte der Schulgong.

4 Erster Schultag

„Verdammt!" So hatte sich Jonas das nicht vorgestellt. Wenn
er schon in dieser Einöde leben musste, wollte er es wenigstens
allen zeigen.
Der Plan war: coole Skaterklamotten, extracool auf dem
Skateboard mit einem Kickflip an der Schule vorfahren und
sich lässig den besten Platz im Klassenzimmer aussuchen
(bevorzugt in der Nähe der Tür – Fluchtmöglichkeit – oder am
Fenster – Gedankenflucht).

Und jetzt stand er hier mit zitternden Knien und starrte dem
Hundemonster hinterher. Wie peinlich war das denn!
Aber Jonas konnte sich einfach nicht bewegen. Wenn der Hund
umkehrte, war er geliefert. Zum Glück war das Tier anscheinend
verletzt, humpelte und würdigte ihn keines Blickes.
Deshalb wagte Jonas einen Blick in die Richtung, in die Toni
verschwunden war. Nicht, dass er hier einen Freund gebraucht
hätte, aber musste der angebliche Sohn der Vermieter eine
Tochter sein? Noch dazu eine Zicke?
Als das Hundemonster endlich außer Sichtweite war, sah
Jonas auf sein Handy. Fünf nach acht! Puh! Der Unterricht
hatte längst begonnen. Jetzt konnte sein Auftritt in der Schule
nur peinlich werden. Am liebsten wäre er zurückgefahren,
aber dann hätte ihn diese Toni für einen kompletten Feigling
gehalten.

COOL

Wie wichtig ist es dir, cool rüberzukommen?

Was findest du cool?

Was findest du cool an anderen?

Was gefällt dir an dir selbst?

Was findest du an deinen Freunden /
an dir selbst peinlich?

Was war dein peinlichstes Erlebnis?

Wie hast du dich danach gefühlt und verhalten?

Hättest du dich anders verhalten können / sollen?

peinlich

Mit dem Board unter dem Arm klopfte Jonas an die Tür des Klassenzimmers und öffnete sie. Durchdringende Augen musterten ihn. Sie gehörten zu einem Lehrer mit graumelierten, halblangen Haaren in Jeans und großkariertem Sakko. Das konnte ja heiter werden.

Prompt sagte das Sakko: „Guten Morgen. Du bist bestimmt Jonas. Schön, dass du den Weg zu uns gefunden hast."
Einige kicherten und ausnahmslos alle starrten Jonas neugierig an. Noch bevor er seine Haare lässig aus der Stirn streichen konnte, wies ihm das Sakko den einzigen freien Tisch zu. Ein Glück, wenigstens hatte er keinen neugierigen Sitznachbarn.

„Übrigens, ich bin Dr. Grünstein – Mathe und Physik", sagte das Sakko, „und vierrädrige Fortbewegungsmittel sind an der Schule verboten."
Jonas schob sich wortlos auf den Stuhl, nachdem er Toni in der Reihe hinter sich entdeckt hatte. Er fühlte, wie sich Tonis Blicke in seinen Rücken bohrten und versuchte, eine entspannte Miene aufzusetzen.

„Na, dann wollen wir mal sehen, ob die Kollegen dir in der großen Stadt etwas beigebracht haben. Jonas! Komm doch gleich mal an die Tafel."
Von dem Dezimalbruch, den das Sakko an die Tafel schrieb, hatte Jonas im Moment keinen Plan, obwohl er Mathe mochte. Das lag wahrscheinlich an der Aufregung.

„Oh je, da haben wir einen weiten Weg vor uns", sagte das Sakko. „Bring doch morgen deine Hefte aus Frankfurt mit, damit ich weiß, was ihr schon gemacht habt."

Schule

Wie gefällt dir die Schule allgemein? Kreuze an!

○ lästiges Übel   ○ ganz okay

○ ganz schlecht   ○ mal so, mal so   richtig gut ○

Was sind deine Lieblingsfächer?

Was findest du gut an ihnen?

Worin bist du besonders gut?

Welche Fächer magst du nicht?

Was ist schrecklich an ihnen?

Was müsste passieren, damit du einem ungeliebten Fach noch eine Chance gibst?

Das wurde ja immer besser. Jonas drückte die Schultern durch, als er zurück zu seinem Platz ging, um wenigstens einigermaßen gelassen auszusehen. Als Toni und ihre Freundin hinter ihm kicherten, bezog er es aber gleich auf sich.

Es war, als würde das Sakko in einer Fremdsprache reden. Jonas starrte auf seinen Tisch. Wenn er die Klasse nicht schaffte, würden seine Eltern vielleicht einsehen, dass er nicht hier in diesem Kuhdorf bleiben konnte. Ja, vielleicht wäre das eine gute Strategie. Auf Jonas' Schreibblock bewegte sich etwas.

Iiiiih! Eine fette, haarige Spinne! Hastig rutschte er mit dem Stuhl zurück, ohne das Tier aus den Augen zu lassen. Dabei fiel seine Schultasche um und die Pausenbox krachte auf den Boden.

„Was ist denn los, Jonas?", fragte Dr. Grünstein und kam näher.

„Eine … eine … Spinne!" Jonas war inzwischen aufgesprungen und zeigte auf das Tier.

In der Klasse rumorte es. „So ein Mädchen", hörte Jonas die ätzenden Kommentare der Jungs, während das Sakko Jonas' Mathebuch in die Hand nahm und ausholte.

„Nein!", kreischte Toni, sprang auf, warf dabei ihren Stuhl um und riss Dr. Grünstein das Buch aus der Hand.

„Die Spinne hat doch nichts getan!" Mit einem gefalteten Blatt Papier aus Jonas' Block nahm sie vorsichtig die Spinne auf und fuhr ihn an. „Mach mal das Fenster auf!"

Wie ferngesteuert bewegte sich Jonas zum Fenster und öffnete es. Toni schob ihn unsanft zur Seite und faltete die Schreibblatt-Transportkiste auf dem Fensterbrett auseinander. Schon war die Spinne an der Hauswand entlang verschwunden.

„So! Jetzt reicht es aber mit Lebensrettungen", sagte das Sakko, schloss das Fenster und scheuchte Toni und Jonas auf ihre Plätze. Jonas suchte seinen Platz vorsichtshalber nach weiterem Ungeziefer ab. Man konnte ja nie wissen, in diesem Kuhdorf.

„Spinnen sind auch Lebewesen", murrte Toni.

Für die verlorene Unterrichtszeit verlangte das Sakko, dass Jonas zu Hause ein Arbeitsblatt mit zehn Aufgaben mit Dezimalbrüchen ausfüllte. Auch Toni drückte er ein solches Blatt in die Hand.

„Meinetwegen kannst du Spinnenbeine durch Unterrichtsstunden dividieren", sagte Dr. Grünstein.

„Haha, sehr lustig", hörte Jonas Toni hinter sich raunen. Na ja, wenigstens hatte er jetzt nicht allein alles abbekommen.

Die weiteren Schulstunden waren an Jonas vorbeigezogen, ohne dass er sich an Lehrer und Stoff erinnern konnte. Die Pause hatte er auf der Toilette verbracht. Er wollte niemandem begegnen. Endlich ertönte der Schlussgong. Während der letzten Stunde hatte er krampfhaft überlegt, wie er wenigstens noch einen coolen Abgang hinbekommen könnte. Deshalb stürmte er jetzt als einer der ersten aus dem Klassenzimmer, schwang sich noch im Flur auf sein Skateboard und fuhr los. Den Ärger mit den Lehrern, den er dafür bekommen würde, hatte er einkalkuliert.

Wie hätte er allerdings ahnen können, dass aus einem Seitenflur plötzlich der Hausmeister mit einer langen Leiter treten würde. Beim Versuch auszuweichen, kam Jonas ins Trudeln und konnte sich gerade noch abfangen, bevor er die Treppe hinunter-gestürzt wäre.

Cooler Abgang, echt! Und ein kurzer Blick zurück zeigte, dass auch alle, einschließlich Toni und Dr. Grünstein, seine peinliche Aktion mitbekommen hatten.

Jonas sah zu, dass er nach Hause kam. Nach Hause? Nein, die neue Wohnung war kein Zuhause und Jonas kam sich so verloren vor, wie noch nie in seinem Leben.

Deine Lehrer • • • • • • •

Wie sollte ein guter Lehrer / eine gute Lehrerin sein?

_____

_____

Persönlich: _____

Fachlich: _____

Was gefällt dir an deinen Lieblingslehrern?

_____

Was gefällt dir überhaupt nicht an einem Lehrer / einer Lehrerin?

_____

_____

5 Tierliebe und Tierängste

„Wie findest du den Neuen?", fragte Alina Toni auf dem Heimweg. „Er wäre eigentlich ganz süß, wenn er nicht so eine Memme wäre", fügte sie gleich selbst noch hinzu.

„Süß? Der hat voll ein Rad ab, fürchtet sich vor Emil und Minispinnen! In der Stadt gibt es auch nicht nur Gummitiere und Plüschbären."

„Dann stehst du wohl doch auf Philipp." Alina grinste Toni an.

„Nie im Leben!", rief Toni heftig. „Der ist so was von kindisch und albern."

„Ja, ja, wenn du dich so aufregst, dann ist da etwas", sagte Alina, die Beziehungsexpertin.

Schnell lenkte Toni ab. „Kommst du am Nachmittag noch vorbei? Wegen diesem Jonas muss ich die Strafarbeit für Grünstein machen. Komm schon, du weißt doch, dass ich kein Mathe kann!"

Aber Alina musste wie immer zu einem ihrer Termine. Heute war es Ballett.

„Wir sehen uns um sieben noch beim Aikido", antwortete sie.

- Welche Eigenschaften findest du an Mädchen / Jungs wichtig?
- Wie sollte ein Mädchen / ein Junge aussehen, damit sie / er dir gefällt?
- Welches Mädchen / welcher Junge gefällt dir besonders gut? (Du kannst die Antwort auch in Geheimschrift aufschreiben.)

- Wer sind deine Freunde?
- Was magst du an deinen Freunden?
- Was unternehmt ihr zusammen?
- Hast du eine beste Freundin / einen besten Freund?
- Was erwartest du von ihr / ihm?
- Was tust du für deine Freundschaft?
- Kannst du mit ihr / ihm über alles sprechen?

Freunde

Mädchen & Jungs

Im Frühling, wenn die Temperaturen steigen, verlassen die **Erdkröten** ihr Winterschlafquartier unter Waldlaub. Sie kehren zum Laichen in den Teich zurück, in dem sie geboren wurden. Häufig überqueren sie dabei zu Hunderten vielbefahrene Straßen. Vor allem nachts und bei Regenwetter sind die Kröten unterwegs. Gemeinden und viele freiwillige Helfer (auch Kinder) helfen mit, Krötenschutzzäune aufzustellen, um die Kröten vor dem Überfahren zu schützen. Jeden Morgen werden die Kröten aus den eingegrabenen Eimern hinter den Zäunen über die Straßen getragen.

Am Nachmittag sollte Toni Wache bei einer tragenden Kuh halten, die kurz vor dem Kalben stand.

„Keine Zeit! Kontrollgang am Krötenschutzzaun!", rief Toni ihrer Mutter zu und zog die knallorange Warnweste über ihre Regenjacke. Noch ein Paar Arbeitshandschuhe, dann war die Ausrüstung perfekt. Jeden Tag mussten die mobilen Zäune, die sie mit den „Pfotenfreunden" im Februar aufgebaut hatte, überprüft werden. Am frühen Morgen trugen die Helfer die Krötenpaare aus den Eimern über die Straße, da sie hauptsächlich in der Nacht wanderten. Jetzt am Nachmittag kontrollierte Toni nur, ob der Zaun in Ordnung war. Sie fand es toll, wie die Erdkrötenweibchen mit den breiten Mäulern ihre Partner huckepack zu den Laichgewässern schleppten. Manchmal fand sie auch Molche oder Grasfrösche hinter den Zäunen. Toni schnappte sich Mamas Fahrrad aus dem Schuppen und fuhr über den Hof. Um den Platten an ihrem Rad zu flicken, hatte sie jetzt auch keine Zeit.

„Toni!" Mama erschien in der Haustür.

„Muss nur noch schnell die Welt retten", sang Toni und winkte.

„Wehe, du kommst nicht rechtzeitig zur Stallarbeit", rief Mama.

Toni stöhnte. Seit ihr Bruder Jo die Landwirtschafts-Meisterschule machte, musste sie ständig im Stall helfen.

Emil humpelte heran und stupste mit seiner Schnauze an das Rad. „Emil! Bleib hier! Du musst deine Pfote schonen!"

Doch Emil gehorchte nicht, sondern trabte neben Toni her.

Ausgerechnet in einer langen Kurve, die in einem Waldstück lag, überquerten die Kröten die Landstraße auf dem Weg zum

Rieder Moor. Ein Warnschild und die grüne Farbe des Schutzzauns, die im Vorfrühling gut sichtbar war, warnten die Autofahrer. Früher war diese Straße zur Zeit der Krötenwanderung übersät gewesen von platt gefahrenen Kröten. In den eingegrabenen Eimern hinter dem Kröten-schutzzaun fand Toni, wie erwartet, zu dieser Tageszeit keine Kröten. Sie zog ihre Hand-schuhe über und begann, den Schutzzaun abzugehen.

Alles in bester Ordnung, dachte Toni und war stolz auf die „Pfotenfreunde". Ganz am Ende des Zauns entdeckte sie ein Krötenpaar, das sich anscheinend verspätet hatte oder von der Route abgekommen war.

„Na, ihr beiden, wollt ihr auch zum Rieder Moor?"

Gerade als Toni das Krötenpaar hochnahm, hielt am Straßen-rand ein Auto. Toni blickte hoch. Jonas mit seiner Mutter, die auch gleich ausstieg.

„Toni, wie nett! Was machst du hier Spannendes? Ich finde das Landleben ja sooo inspirierend", sagte die neue Mieterin, die sich als Flora vorgestellt hatte, und sah neugierig auf Tonis Hände. Ihre vielen Ketten und langen Ohrringe klimperten bei jedem Wort. Toni hielt ihr das Krötenpaar hin.

„Wollen Sie mir helfen? Ich rette Kröten vor den Autos."

Sie hatte damit gerechnet, dass Flora kreischen und zurück-weichen würde, doch Flora griff gleich nach den Tieren. „Ach, wie süß!"

„Aber Sie haben gar keine Handschuhe an", rief Toni noch, doch Flora hatte ihre nackten Hände schon um die Erdkröten geschlossen.

„Macht nichts, macht nichts! Ich spüre gerne Natur auf meiner Haut."

Toni blieb nichts anderes übrig, als ihr die Kröten zu überlassen.

„Aber passen Sie auf, dass Sie die beiden nicht zerdrücken!" Vorsichtshalber lief sie neben Flora her. Man konnte ja nie wissen. Am Ende würde Flora die Kröten noch küssen, in der Hoffnung auf einen Prinzen.

Emil war inzwischen zum Auto getrabt und bellte es fröhlich an. Toni war klar, dass er Jonas begrüßen und aus dem Auto locken wollte. Doch der starrte Emil nur mit aufgerissenen Augen an und ließ das Autofenster hochfahren.

Seine Mutter schaute das Krötenpaar noch einmal selig an, bevor sie es in die Freiheit entließ. „Danke, dass ich mithelfen durfte", sagte Flora. „Kannst du Jonas auch mal mitnehmen?" Toni grinste. „Klar! Wenn er sich traut", antwortete sie. Doch insgeheim dachte sie: *Nie im Leben.* Dass man keine Tiere mochte oder gar Angst vor ihnen hatte, konnte Toni einfach nicht verstehen.

Quiz

38

Erdkröten kehren zum Laichen in die Gewässer ihrer Geburt zurück. Wie sind sie unterwegs?

A: allein

B: als Paar nebeneinander

C: als Paar, das Weibchen trägt das Männchen huckepack

D: als Paar, das Männchen trägt das Weibchen huckepack

Lösung auf Seite 159

Später spielte sie mit Emil im Hof, immer in der Nähe des Austragshauses. Er humpelte nicht mehr so stark und brachte Toni ihren alten Kindergummistiefel mit den weißen Punkten. Der Gummistiefel war schon ganz zerkaut, weil Emil ihn so gerne apportierte. Aber damit konnte er sich wenigstens nicht verletzen.

Von Jonas war keine Spur zu sehen, und das, obwohl es mittlerweile nicht mehr regnete und sogar die Sonne etwas hervorblitzte. Vielleicht hatte er sie ja entdeckt und kam absichtlich nicht heraus. Toni veränderte ihre Taktik und versteckte sich hinter dem Holunderstrauch. Schließlich ließ sich Jonas doch noch sehen. Er kam mit seinem Board aus der Tür. Gut, dass es zwischen Hof und Austragshaus keinen Zaun gab. Toni warf den Kindergummistiefel hinüber und ließ ihn Emil apportieren.

Das wäre doch gelacht. Emil hatte noch jeden um den Finger gewickelt. Aber bei Jonas wirkten seine Annäherungsversuche kein bisschen. Als er Emil aus den Büschen herauskommen sah, blieb er wie versteinert stehen und krallte die Finger um das Board. Emil allerdings interessierte das wenig. Er schnüffelte fröhlich mit dem Schwanz wedelnd an Jonas' Bein. Der hatte sich noch immer keinen Millimeter bewegt und wurde auf einmal ganz weiß im Gesicht. Gerade wollte Toni Emil zurückpfeifen, da hörte sie Jonas zittrige Stimme. „Geh weg, du Monster!" Monster? Noch nie hatte jemand Emil als Monster beleidigt. Toni wurde abwechselnd heiß und kalt. Das würde sie Jonas heimzahlen!

Apportieren nennt man das Zurückbringen eines Gegenstandes durch den Hund. Es stärkt die Konzentration des Hundes und den Zusammenhalt zwischen Hund und Mensch. Meistens wird dem Hund ein Hörzeichen gegeben. Der Hund legt den Gegenstand, der nicht zu hart sein sollte, in die Hände des Menschen oder vor dessen Füße. Es kann auch mit einem Futtersäckchen geübt werden. Am Anfang wird mit einer langen Leine trainiert, damit der Hund nicht mit der Beute verschwinden kann. Mit viel Lob lernt der Hund, den Gegenstand, zum Beispiel mit dem Kommando „Apport!", ins Maul zu nehmen und mit „Aus!" wieder loszulassen. Langsam wird die Entfernung ausgedehnt und wenn das Bringen zuverlässig klappt, kann die Leine weggelassen werden. Wichtig ist, dass der Hund das Bringen nicht mit Beuteverlust verbindet, sondern eine Belohnung bekommt (Lob, Leckerli ...).

Schon am nächsten Tag in der Schule setzte Toni ihren Racheplan in die Tat um. Als sie an Jonas' Tisch vorbeiging, steckte sie unbemerkt eine Gummispinne in seine Schultasche und legte ein paar Käfer auf den Stuhl, ins Federmäppchen und unter ein aufgeschlagenes Buch. Sie musste nicht lange auf eine Reaktion warten. Als Jonas sein Buch zuklappte, stieß er einen Schrei aus und sprang auf. Toni grinste in sich hinein.

Das geschah ihm recht. Kurze Zeit später hatte er den Käfer aus dem Federmäppchen in der Hand und ließ ihn fallen, als hätte er sich die Finger verbrannt. Gleich darauf stürzte er aus dem Klassenzimmer. Kopfschüttelnd sah ihm Dr. Grünstein nach. „Was ist denn nur mit unserem Neuzugang los?", fragte er.

Toni dämmerte langsam, dass Jonas ein massives Problem mit Tieren hatte.

Ängste......

Hast du auch Angst vor Tieren? Vor welchen?
Wenn ja, was befürchtest du, wenn du ihnen begegnest?

Welche anderen Ängste kennst du?

Was machst du gegen deine Ängste?

6 Unüberlegte Rache

Mit einer Riesenwut im Bauch stocherte Jonas in seinem Mittagessen herum. Wut auf Toni und auf sich selbst. Warum war er nicht cool geblieben, sondern hatte allen gezeigt, dass er Angst vor Tieren hatte? Klar, dass diese Dorf-Zicke seine Schwäche ausnutzte!

„Schmeckt doch lecker, der Salat, oder?", fragte Flora und strahlte Jonas an. „Die Gänseblümchen und den Löwenzahn habe ich selbst im Garten gepflückt", sagte sie stolz.

Angewidert schob Jonas die Salatschale von sich. „Ich esse doch kein Unkraut!"

Flora ging nicht darauf ein. „Vielleicht sollten wir uns ein paar Hühner halten und ein Gemüsebeet anlegen, damit wir uns komplett selbst versorgen können."

„Ich habe keinen Hunger mehr", sagte Jonas und trug seinen halbvollen Teller zur Spülmaschine.

„Aber, was ist ...", rief ihm Flora nach.

Doch Jonas war schon auf der Treppe zu seinem Zimmer. Dort warf er sich aufs Bett und ballerte einen Flummi so lange gegen den Kleiderständer, bis dieser mit Getöse umfiel.

Das besänftigte seine Wut für einen Moment. Doch viel zu schnell loderte sie wieder auf. Warum musste er hier in diesem Kaff versauern?

Was Dani, Tim und Sami wohl gerade machten? Jonas tippte eine Nachricht an die Clique in sein Handy, löschte sie aber wieder. Er musste jetzt einfach ihre Stimmen hören.

„Hey, Sami! Ich bin's, Jonas!"

„Hey, Alter, was geht in der Pampa?"

Jonas fühlte sich schon besser. „Voll öde hier", antwortete er, „und viel zu viel Tierzeugs."

„Kann ich mir vorstellen! Hey, sorry, Alter. Ich bin aufm Sprung. Schreib dir!"

Schon hatte Sami aufgelegt, und Jonas warf sein Handy auf die Bettdecke.

Na, toll! Aus den Augen, aus dem Sinn. Jetzt fühlte sich Jonas noch mieser. Doch Toni mit ihren Tieren hatte die größte Schuld an seiner üblen Laune. Und dann diese lächerliche Krötenaktion. Flora hatte in höchsten Tönen geschwärmt und alles haarklein ausgebreitet. Was ging ihn das eigentlich an? Wenn die Kröten so blöd waren, ausgerechnet in einer Kurve über die Straße zu hoppeln, waren sie doch selbst schuld.

Und dann hatte Flora auch noch vorgeschlagen, dass er am Krötenzaun mithelfen sollte. Das konnte sie komplett vergessen. Im Gegenteil! Diese Toni brauchte einen Denkzettel. Sonst dachte sie noch, er würde sich alles gefallen lassen. Bei diesem Gedanken ging es Jonas gleich ein wenig besser. Rache! Ja, er würde sich an Toni rächen! Jetzt sofort. Er schnappte sich sein Board und machte sich auf den Weg zu diesem Krötenzaun. Das war ziemlich einfach. Immer die Landstraße entlang. Hier gab es nicht so viel Auswahl an Wegen.

Gewissen

Hattest du auch schon einmal ein richtig schlechtes Gewissen? Was war passiert? Wie hast du reagiert? Und was ist das überhaupt – das Gewissen?

Der Zaun sah unspektakulär aus. Jonas fragte sich, ob die Kröten nicht einfach darüber hinweg hüpften. Er jedenfalls würde ein wenig nachhelfen. Schon zog er den ersten Metallstab aus der Erde. Der saß ganz schön fest, und das Geflecht war am unteren Rand auch noch eingegraben. Jonas keuchte schon nach kurzer Zeit. Aber das Loch war nun groß genug. Hauptsache, er konnte Toni eins auswischen. Das Skateboard rollte wie von selbst auf dem Heimweg.

Das Gefühl hielt jedoch nur an, bis Jonas wieder auf seinem Bett lag und die Augen schloss. Vor seinem inneren Auge hüpften Abertausende von Kröten über die Landstraße und wurden von Autos und Brummis zu Brei gefahren. Dann erschien auch noch Tonis ernstes Gesicht vor ihm. Schnell öffnete Jonas die Augen. Geschah ihr doch ganz recht. Aber die Kröten, drängte sein schlechtes Gewissen, die können nichts dafür. Sie sind unschuldig.

Jonas holte sein Handy aus der Zimmerecke und begann, darauf zu spielen. Es machte keinen Spaß. Er stand auf, sah aus dem Fenster und setzte sich wieder.
„Also gut." Jonas seufzte tief, schnappte sich erneut sein Board und fuhr zurück zum Krötenzaun.

Zum Glück lag keine platt gefahrene Kröte auf der Straße. Er hätte Werkzeug mitnehmen sollen. Die Metallstäbe ließen sich zwar in die Erde stecken, aber sie wackelten und würden nicht halten. Mit nackten Händen schaufelte Jonas Erde um die Stäbe und auf das Zaungeflecht. Die Stäbe wackelten noch immer. Er sah seine erdverkrusteten Hände an. Was nun? Wie still es um ihn war. Sollte er zurück und einen Hammer holen? Ein Stein müsste es auch tun. Mit dem ersten Schlag klang ein ärgerlicher „Pijääh"-Ruf durch den Wald, und ein dunkler Schatten glitt über Jonas hinweg. Jonas schlug die Hände über den Kopf. Sein Herz pochte hart gegen die Brust. Richtig unheimlich war es hier. Er hatte gar nicht bemerkt, dass es schon leicht zu dämmern begann. Kaum hatte sich sein Herzschlag etwas beruhigt, kam schon der nächste Schreck. Ein Auto näherte sich und trieb Jonas hinter einen gewaltigen Baumstamm. Doch das war noch nicht alles. Als sich das Auto entfernt hatte, hörte Jonas ein quietschendes Fahrrad und darauf Toni, die laut mit ihrem Hundemonster quatschte. Jonas musste sehen, dass er wegkam. Ohne den Blick von der Straße zu wenden, tastete er

45

sich weiter in den Wald, bis er außer Sicht- und Hörweite war. Dann rannte er ohne nachzudenken einfach weiter, bis er Seitenstechen bekam. Mit dem Board wäre er schneller ...
So was Blödes! Es lag direkt am Krötenzaun. Das würde Toni auf jeden Fall sehen. Wo war er hier eigentlich? Um ihn herum sah alles gleich aus: totes Laub am Boden und Baumstämme, die in den Himmel ragten. Weit und breit gab es keinen Weg, keine Straße. Er drehte sich einmal um sich selbst. Wo war er hergekommen? Wo lag Mühltal? Irgendwo musste der Wald ja zu Ende sein. Jonas stolperte weiter. Auf einmal war es gar nicht mehr so still im Wald. Hier knackte ein Ast, dort raschelte es verdächtig, und über ihm krächzte ein unheimlicher Vogel. Gab es hier Raubtiere? Jonas lief weiter und hatte plötzlich das Gefühl, an dieser Stelle schon einmal gewesen zu sein. Rannte er etwa im Kreis? In Bio hatten sie mal gelernt, dass man die Himmelsrichtung im Wald am Moos erkennen kann, das an den Bäumen wächst. Doch er hatte vergessen, auf welcher Seite das Moos wuchs. Außerdem wusste er ohnehin nicht, ob Mühltal im Norden, Süden oder sonstwo lag.
Jonas blieb keine Wahl. Mit dem Blick zum Himmel lief er weiter. Vielleicht konnte er doch noch die Sonne sehen. Da zerrte etwas an seiner Jeans, er stürzte und schon fand er sich in einem stacheligen Gestrüpp wieder. Als er sich endlich daraus befreit hatte, setzte er sich erschöpft an einen Baumstamm. Moment mal! Das Handy! Er musste Flora anrufen oder vielleicht gab es eine App für den Wald. Mit GPS fand man doch alles. Das Handy hatte keinen Empfang.

Greifvögel

Der *Mäusebussard* ist der häufigste Greifvogel in Deutschland. Er ist etwa 50 cm lang und hat eine Spannweite von 1,30 m. Er kreist oft lange in der Luft. Seine Beute sind Mäuse, Insekten, Reptilien, Vögel und Aas.

Den deutlich kleineren *Turmfalken* erkennt man an seinen spitzen Flügeln und dem typischen Rüttelflug. Gelegentlich nistet er in der Stadt unter Brücken oder auf Schornsteinen. Er frisst gerne Mäuse, kleinere Vögel und Insekten.

Sperber und *Habicht* können leicht verwechselt werden. Sie sind beide an der Unterseite gestreift und haben eine ähnliche Silhouette. Der Sperber hat gelbe, gelb umrandete Augen, der Habicht jedoch orangefarbene, ohne Umrandung. Beide sind sehr schnell und deshalb schwer zu beobachten. Zu ihrer Beute gehören kleinere Vögel.

Am auffälligsten ist der *Rotmilan*. Sein Schwanz ist rostbraun und tief gekerbt. Auch an seinem vergleichsweise bunten Gefieder ist der Rotmilan gut zu erkennen. Er ernährt sich von Kleinsäugern wie Feldhamstern, Hasen oder Maulwürfen, Fischen, anderen Vogelarten und Aas.

Eine Begegnung im Wald

Verletzte Hundepfoten

entzünden sich schnell, wenn der Hund an der Pfote leckt oder Schmutz in die Wunde gerät. Der Verband darf nicht durchnässen! Socken eignen sich für den Schutz im Haus. Im Freien sind spezielle Pfotenschutzschuhe mit fester Sohle besser geeignet.

Toni redete beschwörend auf Emil ein: „Für heute ist Schluss mit dem Herumgerenne! Du musst auf deine Pfote aufpassen!" Als Mama sie zum Einkaufen geschickt hatte, war Emil ihr wieder gefolgt, hatte auf ihr „Sitz" nicht reagiert. Sein Bewegungsdrang war größer als die Schmerzen.

Deshalb war Toni noch mal ins Haus gelaufen, hatte eine dicke Socke geholt und über Emils Verband gezogen. Mit Klebeband hatte sie die Socke umwickelt, damit sie nicht verrutschte. Das musste als Schutz reichen, etwas Besseres hatte sie nicht.

Als Toni am Krötenschutzzaun vorbeifuhr, fiel ihr Blick auf die Abgrenzung. Etwas kam ihr komisch vor. Sie hielt an und beäugte das Ganze genauer.

Tatsächlich! Die Erde war an einer Stelle dunkler und aufgewühlt. Zwei der Metallstäbe wackelten, als sie sie berührte. Dazwischen lag ein Stück des Gewebes frei. Mist! Da konnten jederzeit Kröten hindurchschlüpfen. Mit einem kleinen Zweig grub sie die Erde etwas weiter auf, steckte das grüne Gewebe hinein und drückte die Erde mit den Füßen fest. Das musste fürs Erste halten. Wie gut, dass sie vorbeigekommen war. Aber wie war das Loch entstanden? Ein Tier?

Emil, der wie immer am Zaun geschnüffelt hatte, zerrte plötzlich an einem Ding, das aus dem Gebüsch lugte. Als Toni näherkam, sah sie zwischen Brombeergestrüpp, totem Laub und den ersten Buschwindröschen ein Board. Sie erkannte es sofort an der spitz zulaufenden Form. Jonas! Wie zum Teufel kam Jonas' Board hierher?

Das Loch. Das war Jonas gewesen, garantiert! Er hatte den Krötenzaun herausgerissen. Toni sah die Wut in seinen Augen vor sich, als sie ihn mit den Gummitieren geärgert hatte. Das hier war seine Rache!

Aber wenn sein Board hier lag, konnte auch Jonas nicht weit sein. Suchend blickte sie in den Wald. „Jonas?"

Das war blöd, sie ärgerte sich. Jonas würde sich hüten zu antworten, und jetzt war er gewarnt. Einer antwortete doch. Emil! Er bellte, schnüffelte am Board und dann am Waldboden. „Ja, Emil! Such!", rief Toni.

Emil hatte die Fährte schon aufgenommen. Auffordernd bellte er Toni an und trabte in den Wald hinein.

Mit der Nase dicht über dem Boden schnüffelnd lief Emil auf einen dicken Baum zu. War es so einfach? Hatte sich Jonas dahinter versteckt?

Aber Emil schnupperte den Platz hinter dem Baum ab und wandte sich dann tiefer in den Wald hinein.

„Such! Emil!", rief Toni noch einmal.

Das ließ er sich nicht zweimal sagen. Sein Jagd-instinkt war geweckt. Toni hoffte nur, dass die Socke über Emils Verband dem feuchten Boden standhielt.

Immer tiefer gelangten Emil und Toni in den Wald. Wie gut, dass sie sich hier so super auskannten.

Schweigend folgte Toni ihrem Hund. Sie verstand schon, warum Jonas sich an ihr gerächt hatte, aber was konnten die armen Kröten dafür? Er musste auf jeden Fall bestraft werden! Das war das Allerletzte, seine Wut an wehrlosen Tieren auszulassen! Je mehr sie darüber nachdachte, umso wütender wurde sie und achtete nicht mehr auf den Pfad. Hoppla! Toni stolperte über einen Wurzelstock, rutschte auf dem feuchten Laub aus und legte sich der Länge nach hin.

„Verdammter Mist!" Toni rappelte sich auf. An ihren Händen klebte modriges Laub und Tannennadeln piksten in die Haut. Sie wischte sie an ihrer Jeans ab, die an den Knien große nasse Flecken zierten. Na super! Jetzt hatte Toni Emil aus den Augen verloren. Sie horchte in den Wald, ob sie sein Hecheln hören konnte. Nichts. Nun konnte sie nur noch rufen. Und damit Jonas warnen. Noch größerer Mist!

„Emil! Wo steckst du?"

Leise hörte Toni Emils Antwort und lief in die Richtung, aus der das Bellen kam. Wenn sie Jonas nicht bald fanden, würde sie mit Emil zurückkehren, beschloss Toni. Langsam wurde es ganz schön düster. Toni umrundete das Brombeergestrüpp, eine dicke Eiche und stand plötzlich Jonas gegenüber.

Er presste sich an einen Fichtenstamm, sein Gesicht leuchtete gespenstisch weiß im dämmrigen Wald. Emil lag ihm gegenüber und wedelte mit dem Schwanz. Während Jonas sichtlich nach Luft rang, war sein Blick starr auf Emils Augen gerichtet. Das war so ziemlich das Blödeste, was man bei einem fremden Hund machen konnte.

„Nimm ihn weg! Bitte!", flehte Jonas.

Fast tat er Toni leid. Aber nur fast, wenn sie an die Kröten dachte. Trotzdem ging sie neben Emil in die Hocke und fasste ihn am Halsband.

„Warum?", fragte Toni.

„Warum was?"

„Warum die Kröten?"

„Ich … ich hatte eine solche Wut auf dich."

„Hab ich mir gedacht."

Zum ersten Mal löste sich Jonas' Blick von Emil und fiel auf Toni. „Echt?"

„Ich war nicht gerade nett. Aber warum der Krötenzaun? Die armen Kröten können nichts dafür!"

„Ich weiß."

Sie schwiegen.

„Tut mir leid. Ich habe versucht, es wieder in Ordnung zu bringen."

„Hmm", brummte Toni nur und war nicht sicher, ob ihr das als Erklärung reichte. „Und warum …?"

Jonas starrte schon wieder Emil an. „Siehst du das nicht?", druckste er herum.

„Du hast Angst, das ist mir schon klar! Aber warum? Emil ist der allerliebste Hund der Welt. Streichle ihn doch mal. Ich halte ihn auch fest."

Wenn er gekonnt hätte, wäre Jonas sicher noch weiter zurückgewichen. Aber da stand die Fichte, unverrückbar. „NEIN!"

Bei Jonas' Ausbruch hatte Emil zu bellen begonnen.

Jonas wirkte gleich noch eine Stufe weißer. Im mittlerweile fast dunklen Wald war das deutlich zu sehen und erinnerte Toni daran, dass es Zeit für den Heimweg war.

„Also normal ist das nicht", sagte sie. „Da musst du was gegen machen!"

Jonas zuckte nur die Schultern und beobachte mit starrem Blick, wie Toni und Emil sich erhoben.

„Komm!", rief Toni bestimmt. „Wir müssen raus aus dem Wald, bevor es komplett dunkel ist."

Sie nahm Emil an die Leine und ließ ihn vor sich herlaufen.

Zögernd folgte ihnen Jonas in einigem Abstand. Inzwischen konnte man kaum bis zum nächsten Baum sehen. Außerdem hatte es zu regnen begonnen, und es drangen immer mehr Regentropfen durch die Baumkronen.

Ängste und Phobien

Alle Menschen haben Angst. Angst hilft dir, dich vor Dummheiten zu bewahren und vor Gefahren zu schützen. Sind die Ängste jedoch zu stark, schränken sie dein Leben ein und hindern dich daran, neue Dinge auszuprobieren.

Angst ≠ Phobie

Angst
- ist ein Gefühl, das jeder gesunde Mensch empfinden kann,
- kommt bei allen Völkern auf der Welt vor.

Phobie
- ist eine übersteigerte Furcht, die der Situation nicht angemessen oder grundlos ist.
- Phobien können in vielen Bereichen auftreten: z. B. Angst vor Tieren, vor Menschenmengen, vor Zahnarztbesuchen, Höhenangst etc.
- Hundephobie (Kynophobie) ist weit verbreitet.
- Der Auslöser wird um jeden Preis vermieden, deshalb ist es schwierig, gute Erfahrungen zu machen.
- Körperliche Symptome wie Herzrasen, Zittern und Atemnot können hinzukommen.
- Eine Therapie kann helfen.

Die Übergänge zwischen gesunder Angst und Phobie können fließend sein.

8 Erste Annäherung

Toni grübelte beim Frühstück, warum Jonas solche Angst vor Hunden hatte. Man konnte doch sehen, ob ein Hund gefährlich, angriffslustig, gut gelaunt war oder nicht. Aber Jonas reagierte regelrecht panisch. Das wäre doch gelacht, wenn sie Jonas die Angst nicht nehmen konnte. Tonis Kampfgeist war geweckt. Gleich nach dem Frühstück begann sie ihre Mission und holte Jonas zu Hause ab.

„Morgen! Dir ist schon klar, dass Emil dich gestern vor dem Erfrierungstod gerettet hat", rief sie, als er die Tür öffnete. Sofort suchten Jonas' Augen die nähere Umgebung nach Emil ab. Toni grinste. „Keine Sorge! Der muss zu Hause bleiben und seine Pfote schonen!"

Jonas atmete auf und biss herzhaft von seinem Salamibrot ab. „Ich spendiere ihm eine Wurst", nuschelte er mit vollem Mund, „wenn du sie ihm gibst."

Toni lachte. „So einfach kommst du mir nicht davon. Das musst du schon selbst machen. Übrigens mag er auch Veggie-Würstchen", sagte sie mit einem Blick auf Jonas' Salami.

Jonas blieb ein Bissen im Hals stecken, und er begann zu husten. „Das hätte ich mir denken können, dass du Vegetarier bist", keuchte er.

„Ja, und? Ist irgendetwas falsch daran?" Toni fühlte schon wieder Ärger in sich aufsteigen.

„Das nicht, aber es passt zu dir", antwortete Jonas.

„Warum?"

„Ich sage nur: Spinnen!"

„Die Extraaufgaben waren es mir wert", entgegnete Toni trotzig.

„Warum sollte eine Spinne sterben, nur weil sie in einem Klassen-zimmer gelandet ist? Kommst du jetzt endlich?"

Ob **vegetarische oder vegane Ernährung** für Hunde artgerecht ist, ist sehr umstritten. Viele Tierärzte raten davon ab. In jedem Fall braucht es genaues Wissen, damit es nicht zu Mangelerscheinungen kommt.
Bei Ernährungsphysiologen kann man sich Informationen holen.

Tonis oberleckerer veganer Burger*

Kichererbsenbratling

1 Dose Kichererbsen abgießen und zerdrücken.
1 kleine Zwiebel hacken. *1 Zehe Knoblauch* hacken.
Einige Stiele Petersilie und Koriander hacken.
Alles vermischen und mit *1 gestrichenen Tl Salz,
1 gestrichenen Tl Kreuzkümmel,* $^1/_4$ *Tl Pfeffer,*
$^1/_4$ *Tl Paprika* würzen.
Ca. 1–2 El Mehl und *1 El Olivenöl* unterrühren.

Der Teig soll gut formbar sein. Evtl. etwas mehr Mehl zugeben. Ein Backblech mit Backpapier auslegen. Aus dem Teig zwei große Bratlinge formen und auf das Backblech legen. Mit etwas *Olivenöl* bestreichen. Im vorgeheizten Backofen bei 200 °C ca. 15 Minuten backen. Dann umdrehen und weitere 10 – 15 Minuten backen. Die Bratlinge sollten goldbraun werden.

Zwei Vollkornbrötchen halbieren und wie auf dem Bild belegen.

KETCHUP
SALATBLÄTTER
AVOCADOSCHEIBEN
TOMATENSCHEIBEN
BRATLING

SOJAJOGHURT ANSTELLE VON KETCHUP SCHMECKT AUCH SEHR LECKER!

* für 2 Personen

Toni fiel sofort Alinas erstaunter Blick auf, als sie zusammen mit Jonas die Schule erreichte. „Was denn? Wir haben denselben Weg!"

„Aha!"

„Ja! Sonst nichts!"

„Wo warst du eigentlich gestern? Der Trainer war ganz schön sauer, weil du wieder nicht zum Aikido gekommen bist."

„Ja, also, ich, Emil hat Jonas aus dem Wald gerettet."

„Soso! Der Emil den Jonas?!" Alina knuffte Toni in die Seite.

„Aua! Du spinnst! Hätte ich ihn im Wald erfrieren lassen sollen?"
Alina hakte sich bei Toni unter und zog sie weiter.

„Erzähl!"

„Da gibt es nichts zu erzählen", sagte Toni und blickte zurück.
Jonas war schon in der Tür verschwunden, aber Philipp sah ihr mit einem undurchdringlichen, irgendwie grimmigen Blick nach. Was war denn in den gefahren?

Das fragte sie sich auch während der ersten Stunden.
Philipp alberte herum, warf Papierkügelchen in Tonis Kragen und forderte sie immer wieder auf, Jonas Gummitiere auf den Tisch zu werfen.

Irgendwann wurde es sogar Alina zu viel. „Hey, chill doch mal dein Leben. So wirst du nie bei Toni landen!"

„Alina!", rief Toni entsetzt und so laut, dass Dr. Grünstein mit finsterem Blick auf sie zukam. Zum Glück gongte es im nächsten Moment.

Deine Klasse

Wen magst du besonders? Warum?

_____

_____

Gibt es in deiner Klsse verschiedene Gruppen oder vestehen sich alle gleich gut?

_____

Wo sitzt du am liebsten: vorne, in der Mitte oder hinten? Warum?

_____

Nach der Pause stand Bio auf dem Stundenplan. Toni sollte ein Referat über Katzen halten. Als sie die Tafel aufklappte, um das Thema hinzuschreiben, fiel ihr vor Schreck die Kreide aus der Hand. Auf der Tafel prangte ein riesiges Herz. Auf einer Seite stand Toni, auf der anderen Jonas. Toni fühlte, wie ihr das Blut in den Kopf stieg. Das war echt oberpeinlich! Schnell nahm sie den Schwamm und wischte die Schmiererei weg. In ihrem Rücken hörte sie Alina rufen: „Ohoooo! Unser Philipp ist eifersüchtig! An deiner Stelle würde ich wenigstens die Schrift ein bisschen verstellen."

Toni drehte sich schnaubend um. Sie wusste nicht mehr, ob sie wütender auf Philipp oder auf Alina war. Philipp war hochrot angelaufen, und Jonas blickte ratlos von einem zum anderen. Frau Caspar, die Biolehrerin, schüttelte nachsichtig den Kopf. „Ach, Kinder! Ihr immer mit euren Albernheiten! Toni, kannst du jetzt trotzdem mit dem Referat beginnen?"
Die ersten Sätze kamen Toni nur schwer über die Lippen. Zu peinlich war ihr die Herzaktion. Doch schon bald war sie in ihr Thema eingetaucht. Tiere ließen sie alles andere vergessen.

Am Ende wollte Toni ihre Mitschüler noch vor Katzenfängern warnen. „Auf jeden Fall müsst ihr eure Katze mit einem Chip beim Tierarzt kennzeichnen lassen, damit man weiß, wohin sie gehört. Wenn eine Katze vom Freigang zurückkommt und ihr Verhalten sich stark verändert hat, könnte es sein, dass sie Lockfutter gefressen hat. Dann will sie zwar unbedingt wieder raus, aber ihr solltet sie im Haus behalten. Sicher ist sicher! Transporter mit fremden Kennzeichen, die auffällig lange Zeit zum Beispiel auf Feldwegen herumstehen, sollte man im Auge behalten. Lieber habt ihr einmal umsonst aufgepasst als eine verschwundene Katze."

Toni bekam jede Menge Applaus für ihr Referat. Aber als sie zurück auf ihren Platz ging und Jonas, Alina und Philipp sah, rumorte das peinliche Gefühl gleich wieder in ihr. Deshalb ging Toni auch nicht darauf ein, als Alina ihr zum Referat gratulierte und wich ihren fragenden Blicken aus. Sie fühlte sich von Alina verraten, auf Philipp war sie stinksauer und vor Jonas schämte sie sich. Auch wenn sie die Allerletzte war, die etwas für die Herzaktion konnte. Am Ende des Schultags stürmte sie ohne ein Abschiedswort aus der Klasse. Alina rief hinter ihr her: „Toni! Bleib stehen! Was ist denn los?" Was war sie nur für eine Freundin, wenn sie das nicht wusste? Toni rannte die Treppe hinunter, schwang sich auf ihr Rad und brauste nach Hause.

59

Katzen

Die Katze als Haustier

Aussehen
- ca. 40 Katzenrassen
- runder Kopf, kleine Ohren, lange Tasthaare, langer Schwanz
- weiches, dichtes Fell, viele verschiedene Farben, auch getigert
- Raubtier mit langen Eckzähnen zum Festhalten der Beute
- Krallen können vorschnellen und packen oder eingezogen werden

Verhalten
- eigenwillig, mal verspielt und verschmust, mal kratzbürstig und abweisend
- neugierige Streuner
- aktiv in der Dämmerung und nachts, sehr gute Nachtsicht, Augen leuchten
- sehr gutes Gehör auch im Ultraschallbereich, können Fiepen von Mäusen hören
- Duftdrüsen am Kopf: durch Reiben Revier markieren (an Artgenossen, Menschen und Gegenständen)

Körpersprache

- Schwanz nach oben: gut gelaunt / peitscht hin und her: aufgeregt / aufgebauscht: wütend
- Angst: Katze macht sich klein, Ohren am Kopf angelegt, Pupillen groß
- Wut: Fell gesträubt, macht sich groß (Zehenspitzen, Buckel)
- will Aufmerksamkeit: streicht um Menschen (Beine), blickt direkt ins Gesicht

Haltung

- Katzen lieben die Freiheit, Katzentürchen
- Streunen in der Natur
- Wohnungshaltung möglich: Katzenklo, genug Spielzeug, Kratzbaum – bestimmte Rassen besser geeignet, z. B. British Shorthair
- Autos sind die größten Feinde – Achtung an vielbefahrenen Straßen!
- können ihren Namen hören und viele „Regeln" lernen
- 2- bis 3-mal füttern (Katzenfutter, keine Essensreste) und frisches Wasser täglich
- Näpfe jedes Mal reinigen
- wöchentlich das Fell bürsten
- wenn sie schlafen oder fressen, nicht erschrecken

Kosten und Verpflichtungen

- einmalig: Anschaffung, Katzenklo, Spielzeug, Kratzbaum, Transportkorb, Kuschelkörbchen, Chip und Haustierpass beim Tierarzt etc.
- regelmäßig: Futter, Katzenstreu, Impfungen, entwurmen
- einmalig: kastrieren

Wichtig!

Eine Katze ist kein Spielzeug, das weggelegt werden kann, wenn man genug davon hat. Sie ist ein Familienmitglied, das Zeit, Liebe und Rücksicht auf seine Bedürfnisse braucht! Ist Katzen langweilig oder werden ihnen die Kinder der Familie zu viel, passiert es oft, dass sie zu Nachbarn „umziehen".

9 Plötzlich im Tierheim

Jonas saß an seinem Schreibtisch und malte Kringel auf seinen Schulblock. Er dachte mit Grauen an die Bio-Stunde. So was von peinlich! Warum hatte er auch mit Toni in der Schule auflaufen müssen? Na ja, eigentlich war sie gar nicht so schrecklich, wie er gedacht hatte. Ohne sie hätte er den Weg aus dem Wald garantiert nicht gefunden. Aber jetzt dachte die ganze Klasse, dass sie etwas miteinander hatten. Es klingelte an der Haustür. Toni!

„Hi! Ja, also", druckste sie herum.

Jonas schob die Tür weiter auf. „Willst du reinkommen?"

Toni zögerte. Rote Flecken zogen sich von ihrem Hals zum Gesicht. „Tut mir leid, wegen heute … so ein Blödmann!"

„Kindergarten!", winkte Jonas ab, cooler, als ihm zumute war.

Schweigend folgte ihm Toni zu seinem Zimmer. Das „NO! ANIMALS! ALLOWED!"-Schild quittierte sie mit einer hochgezogenen Augenbraue.

„Woher kommt das eigentlich bei dir, mit den Tieren?" Jonas mochte weder daran denken, noch darüber sprechen. Aber Toni sah ihn so herausfordernd an, dass er keine Wahl hatte. Er ließ sich auf sein Bett fallen. Toni setzte sich auf das Fensterbrett.

„Ich war fünf. Da hatten wir einen Nachbarn, der ließ seinen Hund immer frei herumlaufen, weil er ja angeblich ‚nichts tut'. Und dann hat er mich einfach so, ohne Grund, in den Oberschenkel gebissen!"

„Puh! Ich kann mir vorstellen, dass das sehr schlimm für dich war", sagte Toni. „Aber du kannst doch nicht dein Leben lang vor Tieren weglaufen!"

So schwierig fand Jonas das eigentlich nicht. Immerhin praktizierte er es schon einige Jahre.

Toni sprang vom Fensterbrett und stemmte die Hände in die Hüften. „Am besten kommst du heute gleich mal mit ins Tierheim. Ich zeige dir, wie lieb Tiere sind!"

„Nein!"

„Na los!"

„Nie im Leben!"

„Komm schon, sei kein Feigling!" Toni zog an Jonas' Sweatshirt.

„Nochmal zum Mitschreiben: Ich gehe nicht ins Tierheim!" Jonas riss sich los und funkelte Toni an.

„Mann! Bist du eine harte Nuss! Dann komm wenigstens zu den ‚Pfotenfreunden' mit!"

„Was ist das?"

„Die Jugendgruppe vom Tierheim, und wir treffen uns im Bauwagen nebenan!"

Jonas wand sich. Er wollte nicht einmal in die Nähe des Tierheims geraten und schüttelte den Kopf.

„Das ist jetzt wirklich übertrieben! Bist du also doch ein Feigling?", rief Toni und warf mit einem Kissen nach Jonas.

Nein, für feige sollte ihn Toni nicht halten. Jonas atmete tief aus. „Na gut! Aber wenn ich einen Hund sehe, bin ich weg!"

„Ja, ja!" Toni grinste frech.

Tierheim

Die meisten Tierheime in Deutschland werden von Tierschutzvereinen geführt und finanzieren sich durch Spenden, Mitgliedsbeiträge, Patenschaften und gelegentlich auch Erbschaften.

Kommunen (Städte / Gemeinden) können Fundtiere im Tierheim abgeben. Bleibt ein Fundtier länger als vier Wochen im Tierheim, muss die Kommune nicht mehr für das Tier zahlen.
Mit dem Geld müssen Gebäude, Strom, Heizung, Futter, Streu, medizinische Versorgung und vieles mehr bezahlt werden.
Die meisten Mitarbeiter arbeiten ehrenamtlich im Tierheim, das heißt, sie bekommen kein Geld dafür.

Hunde, Katzen und Kleintiere bleiben durchschnittlich 2 – 3 Monate im Tierheim, bis sie weitervermittelt werden können.
In dieser Zeit werden sie medizinisch versorgt, oft gesund gepflegt. Wenn es nötig ist, werden sie an Menschen und Artgenossen gewöhnt und bekommen Spielmöglichkeiten.

Die neuen „Familien" für die Tiere werden sorgfältig ausgesucht.
Die neuen „Besitzer" unterschreiben einen Abgabevertrag.
Darin verpflichten sich die neuen Halter, das Tier artgerecht zu halten und es gut zu behandeln.

Bevor du dir ein Tier aus der Zoohandlung holst, besuche lieber erst Tierheime und Tierschutzvereine in deiner Nähe. Dort warten viele Tiere auf ein schönes Zuhause.

Das Tierheim sah von außen ganz harmlos aus, aber Jonas hörte Hundegebell. Sofort stellten sich die Härchen auf seinen Armen auf. Als sie ihre Räder am Bauwagen abstellten, sah sich Toni um. „Komisch! Wo bleiben die denn?" Sie warf einen Blick auf ihre Uhr. „Oh! Jetzt habe ich mich um eine Stunde vertan", sagte sie mit Unschuldsmiene.

Jonas warf ihr einen schiefen Blick zu.

„Aber wenn wir schon mal da sind, kann ich dir das Tierheim zeigen!", rief Toni.

„Das hast du dir ja toll ausgedacht! Vergiss es!" Jonas packte sein Rad und stieg auf.

„Warte!" Toni hielt ihn am Sattel fest. „Wir gehen nicht zu den Hunden. Versprochen!"

„Du hast mich gerade reingelegt, warum sollte ich dir vertrauen?"

Toni sah Jonas beschwörend an, schob ihren Schal zur Seite und legte zwei Finger auf ein Muttermal. Feierlich sagte sie: „Ich schwöre bei Emil und Mistral, dass du keinem Hund begegnen wirst!"

Jetzt musste Jonas doch lachen, bei dem Theater, das Toni veranstaltete. „Muss das sein?"

„Ja! Muss!"

Zögernd stellte Jonas sein Rad wieder ab, und Toni schleifte ihn ins Kleintierhaus. Hinter einer Glastür hüpften Kaninchen herum. *Was ist eigentlich der Unterschied zwischen Hasen und Kaninchen?*, überlegte Jonas, wagte aber nicht, Toni zu fragen.

„Die hier sind in Quarantäne. Stell dir vor, die wurden zu zehnt in einem Minikäfig im Wald ausgesetzt."

Hasen haben lange Ohren und Füße, sind kräftig und flink. Die Einzelgänger leben auf dem Feld und ernähren sich zum Beispiel von Rinde und Pflanzentrieben. **Kaninchen** sind kleiner und langsamer. Sie haben kürzere Ohren und Füße. Kaninchen leben in Gruppen und halten sich unter Büschen und bei Gefahr in Höhlen auf. Sie fressen zum Beispiel Gras und Gemüse. Kaninchen können im Gegensatz zu Hasen auch als Haustiere gehalten werden.

„Krass", sagte Jonas. „Woher weißt du das?" Insgeheim war er froh über das Glas, das ihn von den Tieren trennte, auch wegen der vielen Hasenköttel.

„Ich bin doch fast jeden Tag hier. Ich will später mal Tierärztin werden", antwortete Toni. „Aber das mit den Kaninchen stand sogar in der Zeitung."

Jonas schielte zum Ausgang. Nicht, dass am Ende ein Hund um die Ecke geschossen kam. Stattdessen bog eine ältere Frau mit Eimer und Kehrschaufel in den Flur.

„Hallo Toni, hast du Besuch mitgebracht?"

„Oh, hallo Brigitte. Das ist Jonas, er hat ein bisschen Angst vor Tieren."

„Willkommen im Tierheim, Jonas. Da hast du dir ja die größte Tierfreundin als Unterstützung ausgesucht. Mit ihr klappt das bestimmt!"

Jonas stöhnte innerlich. Warum meinten hier alle, ihn bekehren zu müssen.

Toni lachte und zeigte auf den Eimer. „Machst du die Quarantänestation sauber? Soll ich dir helfen?"

„Nein, nein, das schaff ich schon. Du kannst mit deinem Freund die Kaninchen streicheln. Das wäre doch ein guter Anfang", antwortete die Tierpflegerin.

In dem Bereich, auf den Toni zusteuerte, gab es kein Glas, sondern nur niedrige Gehege. Jonas blieb vorsichtshalber ein paar Schritte zurück. Doch Toni hob eines der Kaninchen aus dem Gehege und hielt es ihm hin. „Das ist Winnie. Ist der nicht süß? Komm, streichle ihn doch mal!"

Jonas zuckte zurück, ohne Toni und das Kaninchen
aus den Augen zu lassen. Brigitte kam zurück.
Was würden die beiden denken, wenn er kniff.
Sein Herz klopfte wild. Vorsichtig streckte er einen
Finger aus. Das Kaninchen bewegte sich auf Tonis
Arm, und Jonas zog seinen Finger schnell zurück.
„Wo kommen die Tiere eigentlich alle her?",
fragte er.
„Viele wurden ausgesetzt, wie die Bande drüben
in der Quarantäne. Andere werden abgegeben,
weil sich die Leute nicht mehr um sie kümmern
können oder wollen. Das Frauchen von unserem
Winnie hier kam ins Altenheim. Dort sind Tiere nicht erlaubt."

Was für eine traurige Geschichte. Jonas hatte Mitleid mit Winnie
und seinem Frauchen. Er hatte selbst erlebt, wie schlimm es war,
von seinen Freunden getrennt zu werden.

Jonas war beeindruckt, wie leidenschaftlich sich Toni für die
Tiere begeisterte. Er musste an seine Skateboards und die Zeit
im Skaterpark denken. Ganze Nachmittage hatte er dort
trainiert. Er vermisste es so!
Toni hob Winnie zurück in das Gehege. „Wir müssen los.
Das Treffen fängt gleich an."
Uff! Jonas war vor dem Hundehaus gerettet.

67

Test: Bist du reif für ein Haustier?

Bevor du ein Haustier bekommst, solltest du gründlich überlegen, ob du gut für das Tier sorgen kannst. Dieser Test kann dir dabei helfen. Kreuze an, was am meisten auf dich zutrifft.

Warum willst du ein Haustier?

(10) Haustiere sind süß. Ich möchte etwas zum Kuscheln und Streicheln.

(20) Meine Freundin / mein Freund hat einen Hund. Manchmal gehe ich mit ihnen Gassi.

(30) Ich bin öfter im Tierheim. Jetzt wünsche ich mir einen eigenen treuen Begleiter. Später will ich mal einen Beruf mit Tieren.

Hast du Zeit für ein Tier?

(30) Außerhalb der Schule verbringe ich viel Zeit zu Hause, im Garten oder in der Natur.

(10) Ich bin ständig unterwegs und habe viele Hobbys. Das Tier kann ja einfach mitkommen.

(20) Manchmal habe ich schon etwas vor. Aber meine Eltern / Geschwister wünschen sich auch ein Haustier.

Wie wohnst du? Hast du Platz für ein Haustier?

(20) Wir wohnen zur Miete in der Stadt. Aber gleich um die Ecke ist ein großer Park.

(30) Meine Familie wohnt in einem Haus mit Garten.

(10) Unsere Mietwohnung ist rappelvoll. Ob der Vermieter Haustiere erlaubt, weiß ich nicht.

Ein Haustier macht Arbeit. Ekelst du dich vor Tierkot?

(20) Besonders angenehm finde ich den Geruch nicht. Aber für ein eigenes Haustier würde ich mich überwinden.

(30) Nein, wieso? Das gehört auch dazu, wenn man ein Tier hat. Ich helfe meiner Freundin / meinem Freund beim Stallsäubern.

(10) Igitt! Das ist total eklig! Den Stall müssten meine Eltern sauber machen.

Was weißt du schon über dein Lieblingstier?

(30) Ich habe mich bei Freunden und im Tierheim informiert. Außerdem habe ich schon regelmäßig Kontakt zu diesen Tieren.

(10) Ich weiß noch gar nicht genau, welches Tier ich möchte.

(20) Ein wenig weiß ich aus dem Internet. Alles andere lerne ich dann schon, wenn das Tier da ist.

Zähle nun deine Punkte zusammen. Auf Seite 158 erfährst du, ob du für ein eigenes Haustier bereit bist.

10 Bei den Pfotenfreunden

Jonas' Erleichterung darüber, dass er dem Hundehaus entkommen war, schlug schnell in ein mulmiges Gefühl um. Toni wurde mit großem „Hallo" in ihrer Tierschutzgruppe begrüßt. Jonas kam sich fehl am Platz vor. Obendrein war Philipp auch hier und warf ihm feindliche Blicke zu.

Eine nett aussehende Frau mit raspelkurzen Haaren und Lachfalten kam auf Jonas zu. „Hallo! Ein neues Gesicht! Schön, dass du dir unsere Arbeit ansehen möchtest. Ich bin Ulrike, die Tierärztin, und du?"

„Jonas. Toni hat mich hergebracht. Hallo, Ulrike."

Die Tierärztin schüttelte ihm die Hand, und Jonas entspannte sich ein wenig. Wenigstens die Leiterin war in Ordnung.

„So Leute!", rief Ulrike und trommelte alle zusammen. „Ihr wisst ja, dass nach Ostern wieder viele Kaninchen und Hamster abgegeben werden. Wir haben von der Schreinerei Huber Holz gespendet bekommen. Daraus wollen wir heute Kleintierhäuschen bauen."

Sofort redeten alle durcheinander. Philipp lärmte besonders laut herum. „Ich baue eine dreistöckige Villa", prahlte er und schnappte sich die größte Holzplatte. Damit drängte er sich zwischen Toni und Jonas an den Tisch. Doch Toni ignorierte Philipp, lief einfach um ihn herum und stellte sich wieder neben Jonas.

„Komm! Lass uns beide das Häuschen bauen!"
Mit der Stichsäge schnitt sie jeweils einen Halbkreis am Rand
von zwei Brettern aus. Danach schliffen beide die Ränder mit
dem Schleifblock.
Philipp stupste Toni an. „Da passt doch nie im Leben ein
Kaninchen durch", lästerte er. Von seinem Brett dagegen war
kaum noch etwas übrig, so groß hatte er die Öffnung gemacht.
„Dafür wird dein Häuschen für Monsterhasen!", gab Toni zurück.
„Außerdem gibt es auch Hamster und ..."
„Killerratten!", schrie Philipp, nahm Toni den Schleifblock aus
der Hand und rannte davon.
„Stopp! Hier wird nicht gerannt, bei dem
ganzen Werkzeug!", rief Ulrike streng. „Ich
will keine Verletzten!"
Jonas hatte noch nie mit Holz gearbeitet.
Das Material roch richtig gut, und Jonas
mochte es, mit den Händen darüber zu
streichen. Er sägte und leimte, was das Zeug
hielt, und vergaß dabei völlig, dass er dem
Tierheim mit seinen Hunden so nahe war.
Ohne viel zu reden, arbeiteten er und Toni zusammen. Manchmal grinste sie ihn zufrieden
an. Nach zwei Stunden blickten sie auf zwei
wunderschöne, nagelneue Kleintierhäuschen
und klatschten sich ab. Philipp hatte zwar
keine drei Stockwerke geschafft, aber immerhin zweistöckig gebaut und gab ziemlich damit an.

„Na, war es jetzt schlimm im Tierheim?", fragte Toni auf dem Heimweg.

Jonas zögerte. „Bei den ‚Pfotenfreunden' hat es mir richtig gut gefallen. Mit Holz zu arbeiten, macht Spaß. Und im Tierheim war es ganz okay. Aber ins Hundehaus gehe ich nie im Leben!"

„Warten wir's ab!", rief Toni und trat schneller in die Pedale. Auf dem Hof begrüßte sie Emil mit lautem Gebell. Jonas schwenkte sein Rad gleich wieder in die andere Richtung. Für heute hatte er genug Tiere gehabt.

„Hey, Jonas! Ich will noch meinen Reifen flicken, hilfst du mir?", rief ihm Toni hinterher.

„Nur, wenn du Emil ins Haus sperrst", antwortete er.

„Ausnahmsweise", stöhnte Toni. „Du bist aber ein harter Brocken!" Mit Mühe gelang es ihr, Emil ins Haus zu schieben, der viel lieber bei Toni geblieben wäre. Das konnte Jonas sogar verstehen, aber so nah wollte er Emil nicht an sich heranlassen. Ohne einen Hund in der Nähe konnte er Toni beweisen, dass er nicht nur auf dem Skateboard gut war, sondern auch einen Reifen reparieren konnte.

Kaum hatte es sich Jonas nach der Reparaturaktion in seinem Zimmer gemütlich gemacht, klingelte es an der Tür. Draußen stand Toni und wippte nervös mit den Zehen.

„Was ist los?"

„Mistral, meine Katze! Sie ist schon wieder nicht nach Hause gekommen, und ich muss jetzt im Stall helfen." Toni kaute auf ihrem Nagel herum.

Jonas verstand nicht. „Ja, und?"
„Ich mache mir Sorgen! Sie ist schon
den ganzen Tag unterwegs. Normaler-
weise kommt sie abends immer heim.
Könntest du vielleicht, ich meine, wenn
du Zeit hast ..."
„Ja?"
„Könntest du sie suchen?"
„Ich?"
„Bitte!", drängte Toni. „Ich kann auf
die Schnelle sonst niemanden erreichen!"
„Aber ich kenne sie doch gar nicht."
Schnell zog Toni ein Foto aus ihrem Portemonnaie.
„Das ist sie!" Auf die Rückseite des Fotos kritzelte sie ihre
Handynummer. „Danke! Ich muss los, die Kühe warten!"
Und weg war sie.

Jonas stand mit dem Zettel in der Hand da und wusste nicht,
wie ihm geschah.
„Hey! Toni! Warte!"
Doch sie war schon im Stall verschwunden. Wütend blickte
Jonas ihr nach. Jetzt hatte sie ihm die Suche nach ihrer Katze
ans Bein gebunden. Ausgerechnet ihm! Am liebsten hätte er
ihr die Meinung gegeigt. Aber in den Stall zu den riesigen
Kühen wollte er nicht. Vielleicht sollte er einfach wieder rein-
gehen und die Sache vergessen.

Aber was, wenn der Katze etwas passiert war? Nachdenklich betrachtete Jonas das Bild.

Wo sollte er nach Mistral suchen? Er kannte sich in der neuen Umgebung noch nicht richtig aus und wusste natürlich nicht, wo sich Katzen aufhielten. Und vor allem: Was sollte er machen, wenn er sie fand? Anfassen würde er sie nicht! Definitiv nicht!

Mit dem Board machte Jonas sich auf den Weg, fuhr alle Straßen in Mühlthal ab. Viele waren es ja nicht! Dann rollte er Richtung Schule in Burgstein, weil ihm nichts Besseres einfiel.

Hinter der Schule führte ein Feldweg in den Wald. Dort stand ein weißer Transporter mit ausländischem Kennzeichen. Als er schon vorbei war, fiel Jonas Tonis Referat ein. Er holte sein Handy heraus.

11 Wo ist Mistral?

Tonis Hände zitterten, als sie auflegte. „Ich wusste es!"
Ihr Bauchgefühl hatte Toni wieder einmal recht gegeben.
Mistral war von Katzenfängern gekidnappt worden! „Ich
muss sie retten!", murmelte sie vor sich hin, während sie eine
Nachricht an die Pfotenfreunde-Gruppe eintippte.

> „Hilfe! Katze entführt!
> Kommt zur Schule – Eiche!"

Lore, die Kuh, muhte unwillig. Sie wollte endlich gemolken werden.
Schnell schob ihr Toni das Melkgeschirr über die Zitzen.
„Mama, ich muss weg! Man hat Mistral gefangen", rief Toni in
die Milchkammer.
„Was hast du gesagt? Ich habe dich nicht verstanden", kam
die Gegenfrage.
Toni stöhnte. „Ich muss weg! Hörst du?"
Sie wartete keine Antwort ab, sondern rannte sofort zu ihrem
Rad. Zum Glück war der Reifen geflickt. Ihr Rad war viel schneller
als Mamas. Emil, der neben dem Rad lag, sprang freudig auf.
Schnell noch das Handy checken. Keiner von den Pfotenfreunden
hatte auf Tonis Nachricht geantwortet. Wenn man einmal

Kühe werden
zweimal am Tag
gemolken. Früher wurden
die Kühe nur mit der
Hand gemolken. Heute
werden meistens Melk-
maschinen verwendet.
Mehrere Kühe können
so gleichzeitig gemolken
werden.
Nachdem die Zitzen
gereinigt wurden, hängt
der Landwirt das Melk-
geschirr an das Euter.
Seit einigen Jahren gibt
es immer mehr Melk-
roboter.
Hier bestimmen die
Kühe, wann und wie oft
sie gemolken werden
wollen. Sie gehen selbst
in den Melkroboter.
Die Maschine setzt auch
das Melkgeschirr an.
Der Landwirt kann am
Computer sehen, wie
oft die Kuh zum Melken
kommt und wie viel Milch
sie gibt.

jemanden brauchte, war niemand da! Dann musste sie Mistral
eben mit Jonas retten. Schon trat sie in die Pedale. Keine Zeit
verlieren. Emil lief bellend neben dem Rad her.

„Emil, du bleibst hier", befahl Toni. Doch er sah sie nur treuherzig
an und lief weiter. „Dann halte wenigstens die Klappe, wenn
wir bei dem Wagen ankommen!", rief Toni.

Jonas musste jetzt einfach mit Emil klarkommen.

Sie hatten sich an der dicken Eiche verabredet, die am Rand
des Schulgartens stand. Von dort konnte man den weißen
Transporter gut beobachten, wurde selbst aber nicht gesehen.

„Und?", rief Toni atemlos und sprang noch im Fahren vom Rad.
Jonas antwortete nicht, sondern schielte nur ängstlich zu Emil hin.

„Platz!", rief Toni. „Jetzt sag schon! Ist Mistral da drin? Was hast
du gesehen?"

Ohne den Blick von Emil zu lassen, gab Jonas Auskunft: „Ich weiß
eigentlich gar nichts. Nur, dass der Transporter ein ausländisches
Kennzeichen hat und schon die ganze Zeit hier steht. Ich dachte
nur, weil du in deinem Referat ..."

„Diese Verbrecher!"

„Aber du weißt doch noch gar nicht, ob es Katzenfänger sind.
Nur weil der Wagen ein fremdes Kennzeichen hat ..."

„Wir müssen da rein", unterbrach ihn Toni.

„Aber das ist Einbruch!", wandte Jonas ein.

„Nein! Das ist Tierschutz!" Toni kribbelte es am ganzen Körper,
wenn sie nur daran dachte, dass Mistral in einen winzigen
Käfig eingepfercht und ohne Wasser in dem Lieferwagen
eingeschlossen war.

Gewissensfrage

Wie würdest du entscheiden?

- die Polizei rufen
- die Tiere aus dem Transporter retten
- die Fahrer zur Rede stellen

Nenne auch den Grund für deine Entscheidung.

_____

_____

_____

_____

_____

_____

_____

Vorurteile

Hat Jonas recht? Urteilt Toni zu schnell? Was könnte es mit dem Transporter noch auf sich haben?

_____

_____

_____

Toni konnte nicht stillstehen. Sie lief auf und ab und überlegte fieberhaft, was sie tun könnte.

„Du stinkst nach Kuh", sagte Jonas, als sie näher kam und hielt sich die Nase zu.

„Pff! Na und!" Toni blickte ihn böse an. „Ich schleiche mich jetzt an den Transporter heran. Vielleicht kann ich hören, ob Katzen drin sind. Du gibst mir Deckung! Wenn jemand kommt, pfeifst du wie eine Amsel, das fällt nicht auf!"

Gut, dass Jonas keine **Amsel** imitieren konnte. Vogelstimmen zu imitieren, ist zwar nicht verboten, aber du solltest damit sehr vorsichtig umgehen.
Die Vögel werden damit in ihrem Revier gestört. Sie können Angst bekommen oder unter Umständen sogar angreifen, wenn sie einen Gegner vermuten.
Lockpfeifen werden von Ornithologen, das sind Vogelkundler, mit Vorsicht benutzt, um bestimmte Vögel zu zählen.

Jonas sah sie verständnislos an. „Als ob … Ich habe keinen blassen Schimmer, wie eine Amsel klingt."

Das war mal wieder typisch Großstädter! Der kannte nicht einmal die einfachsten Vogelstimmen. Toni stöhnte.

„Na, dann sag Emil, er soll bellen!"

Bevor Jonas wieder einen Einwand fand, schlich sich Toni zu dem Transporter. Emil raunte sie „Platz!" zu. Kein Mensch war zu sehen. Zum Glück. Eingetrocknete Dreckspritzer verteilten sich auf der unteren Hälfte des Transporters, eine Firmenaufschrift gab es nicht. Toni prägte sich das Kennzeichen ein. Dann legte sie ihr Ohr an das Blech und horchte. Nichts! Kein Laut drang aus dem Inneren. Und wenn sie sich irrte? Wenn der Wagen Holzplatten oder Fenster oder sonst was geladen hatte? Aber wo war denn nur der Fahrer?

Ohne große Hoffnung drückte sie den Griff der Ladetür hinunter. Quietschend bewegte sich die Tür. Ein Ziehen breitete sich von Tonis Brust bis in die Fingerspitzen aus. Jetzt würde sie Mistral retten!

Vorsichtig steckte Toni ihren Kopf in den Laderaum. Was sie dort sah, nahm ihr den Atem. Es war unglaublich! Gedanken blitzten durch ihren Kopf und dann hörte sie plötzlich Emil bellen. Das Zeichen!

Mist! Mist! Mist! Was sollte sie jetzt tun? Weglaufen?

Nein! Das konnte sie als Tierschützerin nicht! Deshalb stieg sie schnell die Trittstufe hinauf, schlüpfte in den Transporter und zog die Tür zu.

12 Drei Männer und ein Transporter

Was dachte sich Toni nur dabei, ihn mit Emil allein zu lassen?
Jonas schob vorsichtig sein Board zwischen sich und Emil.
Sollte Emil doch draufsteigen und wegrollen! Dann könnte
Jonas wenigstens auf das Klettergerüst im Schulhof flüchten.
Vielleicht war der Hund mit dem Verband an der Pfote gar
nicht so schnell. Doch Emil äugte nur nach Toni, schien auf
dem Sprung zu sein. War auch besser so. Am besten sollte er
gleich abhauen und Toni nachlaufen.

Obwohl Emil ihn nicht beachtete, knetete Jonas seine Hände
und fühlte, wie seine Knie immer mehr zu Pudding wurden.
Was machte Toni nur so lange? Jetzt war sie hinter dem Transporter verschwunden. Jonas stöhnte. „Komm endlich zurück!",
murmelte er.
Als hätte Toni ihn gehört, tauchte sie hinter dem Wagen auf
und fingerte an der Ladetür. In diesem Moment hörte Jonas
Männerstimmen, er fuhr herum. Aus dem Ort kamen drei
Männer in Trekkinghosen und dunklen Kapuzenjacken auf den
Feldweg zu. Sie gestikulierten und diskutierten aufgeregt. Was
die Männer sagten, klang nicht nach Deutsch. Sie steuerten
nun auch geradewegs auf den Transporter zu. Jonas drückte
sich noch weiter hinter den dicken Stamm der alten Eiche. Er
musste Toni warnen. Nervös blickte er zwischen dem Transporter,
den Männern und Emil hin und her. Wie sollte er Emil zum Bellen

Als Erstes sollte der Hund lernen, auf seinen Namen zu hören. Die wichtigsten **Kommandos** für Hunde sind:

"Sitz!" – Der Hund soll sich hinsetzen.

"Platz!" – Der Hund soll sich hinlegen.

"Komm!" – Der Hund soll zum Halter kommen.

"Fuß!" – Der Hund soll nur auf der linken oder der rechten Seite des Halters, nahe an dessen Knie gehen.

"Aus!" – Der Hund soll loslassen, was er im Maul hat.

"Bleib!" – Der Hund soll in der Position bleiben, in der er sich gerade befindet.

bringen? Hörte er überhaupt auf "Bell"? Jonas kannte nur "Fass". Aber das würde die Männer auf ihn aufmerksam machen. Und was, wenn Emil auf ihn zulaufen würde, statt nur zu bellen? Die Männer kamen dem Transporter immer näher. Emil begann zu knurren, sein Schwanz bewegte sich steif hin und her.

"Emil! Bell!", raunte Jonas. Seine Stimme hörte sich kratzig an. Emil reagierte nicht, war ja klar!
Aber Jonas musste Toni helfen. Er versuchte es noch einmal: "Emil! Hilf Toni!"
Endlich drehte Emil seinen Kopf zu Jonas, stand auf und bellte. Puh, das war geschafft. Jetzt musste nur noch Toni reagieren. Doch was machte sie dort? War sie verrückt geworden? Toni schob die Ladetür des Transporters auf und stieg hinein. Emil bellte nun aus vollem Hals und die Männer sahen zu ihm. Jonas drückte sich noch mehr an den Baumstamm. Hoffentlich entdeckten sie ihn nicht. Sein Board lag in der Wiese neben Emil. Das Gras war hoch. Mit etwas Glück bemerkten die Männer es nicht. Wenn sie jetzt den Laderaum öffneten, würde er Emil losschicken und ganz laut "Fass" rufen! Doch die Männer

Quiz

Welche Aussage stimmt:

A: Hunde knurren oft aus Angst. Dann wollen sie drohen, um Gefahr abzuwehren.

B: Wenn ein Hund knurrt, will er immer angreifen.

C: Wenn ein Hund knurrt, die Ohren aufstellt und die Nackenhaare sträubt, ist er angriffsbereit.

D: Jeder Hund, der knurrt, ist aggressiv.

Lösung auf Seite 159

schüttelten nur die Köpfe über Emils Gebell und stiegen von beiden Seiten in die Fahrerkabine ein. Für Emil gab es kein Halten mehr. Er stürmte auf den Transporter zu. Toni musste den Radau doch mitbekommen. Warum kam sie nicht heraus? „Nun komm schon", flüsterte Jonas beschwörend. Aber natürlich konnte ihn Toni nicht hören. Inzwischen sprang Emil an der Fahrertür hoch. Der Fahrer ließ die Scheibe herunterfahren und schimpfte. Es klang wie „window" oder so. Dann startete der Fahrer den Wagen.

Oh nein! Die Männer würden Toni samt ihrer Katze entführen. Jonas musste sie befreien. Die Ladetür hatten die Männer nicht verschlossen! Jonas sprang hinter dem Baum hervor und rannte auf den Transporter zu. Der Motor wurde angelassen und schon rollte der Wagen los. Fast hatte Jonas ihn erreicht, streckte schon die Hand nach dem Griff aus, als der Fahrer beschleunigte.

„Tooooooniii!"

Jonas stand wie angewurzelt da. Der Transporter fuhr weg, und Toni war darin gefangen.

Emil rannte neben dem Transporter her. Mit kleinen Schlenkern versuchte der Fahrer ihn loszuwerden. Tapferer Emil! Der Gedanke riss Jonas aus seiner Starre. Er spurtete zurück zu seinem Board, raste über die Wiese und den Feldweg zur geteerten Straße, bis er endlich losfahren konnte. Im Laufen setzte er seinen Helm auf.

Wenigstens war die Straße gerade, und er konnte sehen, wohin der Transporter fuhr. Inzwischen fiel Emil deutlich zurück. Mann! Sie würden Toni verlieren! Mit dem Board einen Transporter zu verfolgen, war der blanke Wahnsinn, völlig aussichtslos. Aber Jonas musste es wenigstens versuchen.

Doch dann verschwand der Transporter im Wald, und Jonas verlor ihn aus den Augen. Dafür aber sah er Emil, der nur noch humpelnd vorwärts trabte. Toni wäre entsetzt, wenn sie ihren Hund so sehen würde. In einem großen Bogen fuhr Jonas an Emil vorbei und rief ihm zu: „Geh nach Hause, Emil!"

Umso mehr musste Jonas sich jetzt beeilen. Nur zu blöd, dass er sich in seiner neuen Umgebung noch überhaupt nicht auskannte. Auf einmal ging es nur noch bergauf. Jonas blieb keine Wahl. Er musste absteigen, klemmte sich das Board unter den Arm und lief los. Bisher war er an keiner Abzweigung vorbeigekommen. Nur kleine Feldwege hatten von der Straße abgeführt. Wenn es am Ende dieses Berges weit hinabging, hatte er vielleicht noch eine Chance. Jonas bekam Seitenstechen. Lange würde er dieses Tempo nicht durchhalten. Doch tatsächlich lag auf einmal eine lange Abfahrt vor ihm. Er stieg wieder auf sein Board, stieß sich ab und raste den Abhang hinunter.

Wow! Der Wind pfiff ihm um die Ohren. Jonas legte sich in eine Kurve. Einen Moment lang genoss er die Fahrt.

Doch dann gewann die Angst um Toni wieder Oberhand und er versuchte, noch mehr zu beschleunigen. Jetzt war er froh, dass er heute seinen Helm mitgenommen hatte. Irgendwann war die Schussfahrt zu Ende und die Straße führte auf den nächsten Hügel. Dass dieses blöde Bayern so buckelig war!

Dann kam Jonas auch noch an eine Abzweigung. Und jetzt? Rechts ging es nach Marienberg. Der Wegweiser nach links führte ins Höllental. Komisch. Einen solchen Wegweiser gab es doch auch auf seinem Schulweg. War er jetzt im Kreis gefahren?
Für welchen Weg sollte er sich entscheiden? Jonas fühlte sich auf einmal völlig überfordert und hilflos. In welche Lage hatte Toni ihn da nur gebracht?
Ärger ballte sich in seinem Magen zusammen. Wegen einem Mädchen, das er kaum kannte, und Viechern, die er überhaupt nicht leiden konnte, kurvte er hier in der Wildnis umher!
Aber sie ist in Gefahr, sagte eine Stimme in ihm.
Sie ist eigentlich ganz in Ordnung und sie hat dich zu den Pfotenfreunden mitgenommen, meldete sich die innere Stimme weiter. Jonas seufzte. Natürlich würde er Toni helfen. Er war doch kein Feigling und auch keiner, der andere im Stich ließ. Nur wusste er immer noch nicht, wohin.
Von dem weißen Transporter war weit und breit nichts zu sehen. Vielleicht sollte er doch lieber die Polizei anrufen. Aber was sollte er sagen? Er wusste weder, wo er sich gerade befand, noch hatte er sich das Autokennzeichen gemerkt.

Nein, die Polizisten würden ihn nicht ernst nehmen. Schließlich bog Jonas nach links ab, weil der Weg dort weniger steil nach oben führte.

Helfen

Freunde und Menschen in Not sollte man nicht im Stich lassen. Hast du schon einmal einem anderen geholfen, obwohl es dir schwer gefallen ist? Berichte!

13 Eine unerwartete Entdeckung

Als Erstes schlug Toni ein durchdringender Gestank nach Tierkot, ja beinahe nach Verwesung entgegen. Sie drehte den Kopf zur Seite und holte tief Luft, bevor sie in den Transporter hineinschaute. Aber es war nicht Mistral, die sie entdeckte. An der Längsseite des Transporters standen in fünf Reihen Gitterboxen aufeinandergestapelt. Darin lagen auf Papierschnipseln Hundewelpen eingepfercht. Viel zu junge Welpen, die eigentlich noch bei ihren Müttern sein sollten.

Stattdessen mussten sie hier zu viert oder fünft in einer Box ausharren. Ohne Möglichkeit, sich zu strecken oder sich zu bewegen. Wasserschüsseln konnte Toni auf den ersten Blick auch nicht entdecken. Tränen drängten sich in ihre Augen. Wie konnte man nur so grausam zu Hundebabys sein? Ein kleiner Golden Retriever jaulte kläglich, zum Bellen fehlte dem Welpen anscheinend die Kraft. Neben Beagles konnte Toni Labradore und Bulldoggen erkennen. Es mussten mindestens 50 Tiere sein, die in den Boxen eingesperrt waren.

Plötzlich bellte doch ein Hund. Toni fuhr zusammen. Denn es war keiner der Welpen. Das Bellen kannte Toni ganz genau: Emil! Das mit Jonas vereinbarte Zeichen! Das hieß, dass der Besitzer des Transporters zurückgekommen war.
Es war viel zu früh. So ein Mist! Wie sollte sie jetzt den Welpen helfen? Wenn sie den Transporter fahren ließ und die Polizei rief, war der Händler bestimmt schon über alle Berge, ehe die Polizei

Wie lange sollen **Welpen** bei ihren Müttern bleiben? Darüber sind sich Züchter und Verbände nicht ganz einig.
Manche geben die Welpen mit acht Wochen, also am Ende der Prägephase, ab. Andere warten bis zum Ende der Sozialisierungsphase mit zwölf Wochen. In der Sozialisierungsphase sollte mit der Erziehung der Welpen begonnen werden. Welpen unter acht Wochen sollten aber auf keinen Fall von ihren Müttern getrennt werden.

Prägephase:
Prägung auf andere Hunde und Menschen, Aufnahme von Eindrücken aus der Umgebung, zum Beispiel Stimmen, Gerüche, Berührungen
Sozialisierungsphase:
Erlernen von sozialen Verhaltensweisen, zum Beispiel Gewöhnung an den Namen. Stubenreinheit, Kennenlernen anderer Tiere, fremder Menschen, Gegenstände

85

eingetroffen war. Jetzt hörte sie Männerstimmen näher kommen. Oh nein! Es war nicht nur ein Mann, es waren mindestens zwei, und sie klangen gereizt. Was sie sagten, konnte Toni nicht verstehen, aber sie hörte die Anspannung in den Stimmen. Sie musste schnell eine Entscheidung treffen. Eine Entscheidung für die Tiere! Toni stieg in den Transporter und zog die Tür hinter sich zu. Sofort wurde es dunkel um sie und der Gestank war kaum auszuhalten. Sie versuchte, flach zu atmen, was gar nicht so leicht war, denn sie musste gleichzeitig die aufsteigende Panik niederringen. Durch das Blech gedämpft hörte sie Emils wildes Bellen. „Sei still", flehte sie leise. Wenn die Männer durch sein Bellen auf sie aufmerksam wurden, war sie geliefert. Aber was, wenn sie ins Ausland fuhren? Nein, dazu mussten sie erst die Welpen verkaufen. Sie musste sich einfach an einem Parkplatz, oder wo immer die Männer die Welpen abgeben wollten, aus dem Transporter schleichen. Die Tür war zum Glück nicht abgeschlossen!

Toni tastete sich an der Wand des Transporters entlang. „Iiihh!", schrie sie auf, als plötzlich etwas über ihre Finger krabbelte. Auch wenn sie alle Tiere mochte, wollte sie doch sehen, welches über ihre Haut lief. Die Taschenlampen-Funktion ihres Handys fiel ihr ein. Sie zog es aus der Tasche. So ein Mist! Der Akku war schon wieder leer. Gerade hatte sie doch noch an die Pfotenfreunde geschrieben. Aber immer dann, wenn man das Ding am dringendsten brauchte, funktionierte es nicht.

Internationaler Welpenhandel, Hundezucht und Tierschutz

Rassewelpen kommen nicht nur von deutschen Züchtern, sondern werden aus dem Ausland, vor allem aus Osteuropa, nach Deutschland gebracht. Oft sind die Transportbedingungen für die Welpen sehr schlecht. Unter Tierfreunden ist eine heftige Diskussion entstanden:

Michael

Warum nicht? Die Welpen aus Polen oder anderen Ländern haben auch Zuchtpapiere!

Caroline

Ich würde nur von deutschen Züchtern Welpen kaufen.

Sandra

Ich bin generell dagegen, Hunde zu züchten, egal, ob in Deutschland, Polen oder Bosnien. Es gibt doch schon so viele Hunde auf der Welt, um die sich niemand kümmert.

Paul

Den Hunden in deutschen Tierheimen geht es vergleichsweise gut. Zum Glück gibt es viele tolle Helfer. In anderen Ländern landen Straßenhunde in Lagern, wo sie unter freiem Himmel an Bäume gekettet werden. Die sollte man retten.

Daniel

Noch schlechter geht es den Hunden, die in Tötungsstationen gebracht werden. Die werden dort vergiftet. Ich unterstütze eine Gruppe, die diese Tiere rettet.

Sandra

Wenn die Tötungsstation Geld für die Hunde nimmt, unterstützt du sie doch damit!

Daniel

Aber soll deshalb ein gesunder Hund sterben? Beim Tierschutz sollte es egal sein, aus welchem Land ein Tier kommt. Hunden in Not muss einfach geholfen werden!

Du siehst schon, das ist ein sehr schwieriges Thema. Was denkst du darüber? Besprich dieses Thema mit deinen Eltern, deinen Freunden oder in deiner Tierschutzgruppe.

Um sich selbst zu beruhigen, sprach Toni mit den Welpen: „Ihr Süßen! Ich werde euch da rausholen! Das verspreche ich ...!"
Der Motor sprang an. Schon ruckelte der Transporter.
Die Welpen wurden unruhig, scharrten, mehrere Tiere winselten.
Toni konnte sie so gut verstehen. Auch ihr wurde mulmig. „Ich muss mich hinsetzen", murmelte sie und tastete sich an der Blechwand nach unten.
Doch dann beschleunigte der Wagen, Toni konnte sich nicht mehr halten und plumpste auf den eiskalten Boden.
Die Metallrippen des Bodens drückten durch ihre Jeans.
„Aua!" Toni musste etwas finden, an dem sie sich festhalten konnte, sonst würde sie bei jeder Kurve herumgeschleudert werden. Inzwischen hatten sich ihre Augen an die Dunkelheit gewöhnt. Durch ein paar Lüftungsschlitze fiel etwas Licht in den Laderaum.
Eine Armlänge entfernt konnte sie eine Reisetasche ausmachen.
Die zog sie heran und setzte sich darauf. Wenigstens fror sie jetzt nicht mehr so stark. Haltegriffe konnte Toni an der glatten Blechwand nicht entdecken. Deshalb kroch sie mit der Reise-tasche nahe an die Tierboxen und hielt sich daran fest, auch wenn der Gestank hier betäubend war. Aber die armen Welpen mussten ihn schon viel länger aushalten. Dann würde auch sie ihn ertragen. Toni begann wieder, beruhigend auf die Welpen einzureden.
Ein Terrierwelpe kam ganz nah an das Gitter heran und blickte Toni aus großen, trüben Augen an. Toni musste schlucken. Es war, als würde er ihr direkt ins Herz sehen.

„Hallo, mein Kleiner", raunte sie. Dem Welpen stand das matte Fell struppig ab. Er konnte sich kaum aufrecht halten und winselte leise. Toni streckte ihre Hand aus und führte sie durch die Gitterstäbe. Alle Vernunft und ihr Tierwissen sagten ihr, dass sie es nicht tun sollte.

Sie wusste nicht, ob der Hund krank war. Aber Toni konnte nicht anders. Sie musste den armen Welpen berühren und schon fühlte sie seine Zunge auf ihrer Haut.

„Ja! Mein Süßer! Ich passe jetzt auf dich auf."

Toni zog ihre Hand langsam zurück, schob den Riegel der Box zurück und nahm den kleinen Terrier auf den Schoß.

14 *Wiedergefunden*

Mühsam schob sich Jonas auf dem Board die Straße hinauf. Auch wenn die Steigung hier weniger steil war, ging es doch stetig bergauf. Er wusste schon nicht mehr, ob ihn die Fußsohlen oder das Seitenstechen mehr schmerzten. Langsam wurde es dämmrig und weit und breit war kein Fahrzeug in Sicht, schon gar kein weißer Transporter. „Ich bin so bescheuert", schimpfte er mit sich selbst. Auf einmal überwältigte ihn ein mächtiges Gefühl. Er hatte versagt! Toni und Mistral waren auf dem Weg ins Ausland, Emil verschwunden. Toni würde ihn lynchen, wenn Emil etwas passiert war. Jonas lachte bitter auf. Ja, sie würde ihn lynchen, wenn sie überhaupt wieder heil zurückkam. Er war so wütend auf sich selbst.

Versagen

Hast du dich schon einmal so richtig als Versagerin / Versager gefühlt? Was war passiert? Konntest du überhaupt etwas für die Situation? Was hast du gegen das Gefühl unternommen?

_____

_____

_____

_____

Mit der Faust wischte sich Jonas über die tränenden Augen, kratzte sich am Helmverschluss den Handrücken auf und fuhr weiter. Bis zum Ende des nahen Waldstückes würde er noch Ausschau halten, dann umdrehen und den rechten Weg nehmen. Er durfte nicht aufgeben, solange es noch hell war. Am Waldrand entdeckte Jonas ein mit Grünspan fast vollständig überzogenes Schild. Die Aufschrift war kaum noch zu lesen: „Wildtollwut! Gefährdeter Bezirk".

Tollwut. Davon hatte Jonas schon einmal gehört. Dunkel erinnerte er sich. Wenn man von einem tollwütigen Tier gebissen wurde, konnte es schlimm ausgehen. Ein kalter Schauer lief Jonas über den verschwitzten Rücken. Er hatte es doch gewusst, dass er hier in der gefährlichen Wildnis gelandet war. Plötzlich sehnte er sich zutiefst nach vollen Straßen, hupenden Autos und der beruhigenden Gewissheit, nicht weit von der nächsten U-Bahn-Station entfernt und in Sicherheit zu sein.
Als er schon dabei war, sein Board hochzunehmen und umzudrehen, hörte er entfernte Stimmen aus dem Wald. Menschen! Jonas atmete auf. Wo Menschen waren, würden sich keine wilden Tiere hinwagen – hoffentlich! Er würde die Leute fragen, ob sie einen weißen Transporter mit fremdem Kennzeichen gesehen hatten. Kaum war er angefahren, riss Jonas das Board herum und hechtete weg von der Straße in den Wald. Zwischen den Bäumen blitzte ein weißer Transporter hindurch.
Auf allen vieren kroch Jonas näher an das Fahrzeug heran. Irgendetwas plätscherte. Schnell zog er den Kopf ein.

Tollwut ist eine sehr gefährliche Krankheit. Durch einen Biss eines kranken Wildtieres (v. a. Fuchs, Fledermaus, Marder) kann sie auf Menschen und Haustiere übertragen werden. Deutschland ist seit einigen Jahren frei von Tollwut. Trotzdem sollte man aufpassen und sich vorsorglich impfen lassen, wenn man von einem Wildtier gebissen wird. Haustiere sollten immer gegen Tollwut geimpft werden. Die Krankheit gibt es noch in vielen Urlaubsländern und in den Ländern, aus denen viele „Tierschutz-Hunde" nach Deutschland importiert werden (z. B. Rumänien, Polen, Bulgarien).

91

Hinter dem Wagen, mit Blick in den Wald, stand ein Mann und pinkelte. Es war einer der Männer aus dem Transporter, und er schaute genau in Jonas' Richtung. Hoffentlich hatte er ihn nicht gesehen. Jonas wagte nicht mehr, den Kopf zu heben.

Jetzt hatte er zwar den Transporter wiedergefunden, konnte aber die Polizei nicht anrufen. Das hätte der Mann auf jeden Fall mitbekommen. Doch plötzlich hörte Jonas ein Geräusch hinter sich.

Äste knackten und etwas hechelte und fiepste. Ein tollwütiges Wildtier, schoss es ihm durch den Kopf und er fuhr herum. Emil! Jonas wusste nicht, ob er erleichtert oder geschockt sein sollte. Das Zittern seines Körpers wurde jedenfalls nicht schwächer. Schon gar nicht, als Emil sich nur ein Stück entfernt auf den Boden legte. Vorsichtig rückte Jonas noch ein wenig ab.

Doch er kam nicht dazu, sich wegen Emil weitere Gedanken zu machen. Er hörte eine Männerstimme von der anderen Seite des Transporters, verstand aber nicht, was gesagt wurde. Nun musste Jonas schnell handeln, sonst waren die Männer, und damit Toni und Mistral, wieder weg. Die Gedanken sprangen in seinem Kopf kreuz und quer. Jonas fühlte Panik in sich aufsteigen. Polizei anrufen? Emil losschicken?

Der Mann begann, vor sich hin zu pfeifen und schlenderte in aller Seelenruhe auf den Transporter zu. Jetzt! Keine Zeit mehr für Überlegungen! Jonas fühlte, wie ein Ruck durch ihn hindurchging.

Gedanken ordnen

Bestimmt kennst du das Gefühl, wenn sich deine Gedanken überschlagen und du dringend eine Entscheidung fällen musst.

Diese Tipps können dir in solchen Situationen helfen:

• Erstelle eine Pro- und Kontra-Liste. Das geht auch im Kopf!
• Frage dich: Was könnte im schlimmsten Fall passieren?
• Blicke kurz in den Himmel, um die Perspektive zu wechseln.

Hier ist noch Platz für deine eigenen Ideen:

1. _____

2. _____

3. _____

4. _____

5. _____

6. _____

7. _____

Er setzte sich in Bewegung und kroch so leise es ging in einem weiten Bogen um den Transporter. Er würde die Ladetür öffnen und Toni befreien, konnte nur hoffen, dass er schnell genug ankam.

„Aua!" Eine Ranke riss die Haut auf Jonas' Wange auf, wickelte sich um seinen Arm. Hatten die Männer seinen kurzen Aufschrei gehört? Alles blieb ruhig. Jonas hörte die Männer miteinander sprechen, sah leichte Rauchfahnen. Vermutlich rauchten sie noch ihre Zigaretten zu Ende. Mit einem Ruck zerrte er seinen Arm aus den Ranken. Verdammt, tat das weh! Emil hatte Jonas in dem Gedankenchaos völlig ausgeblendet. Doch nun spürte er wieder seine Anwesenheit. Jonas konnte ja verstehen, dass Emil zu Toni wollte. Aber er wollte ihn nicht neben sich haben. „Lauf!", raunte er ihm zu. „Lauf hinten rum!"

Das blöde Tier hörte immer noch nicht auf ihn. Jonas ging in die Hocke, nahm ein Stöckchen und warf es in die Richtung, in die Emil laufen sollte. Das machte man doch mit Hunden, oder? Jonas sah ihn durchdringend an. „Du musst das verstehen!"

Emil begann, leicht zu knurren. Nein! Jonas wich zurück, stolperte und schrie auf. So ein Mist! Das hatten die Männer sicher gehört! „Hallo, wer da?", rief einer.

Jonas kümmerte sich nicht darum. Er rappelte sich hoch, sprang über den Baumstumpf und spurtete auf den Transporter zu, Emil laut bellend hinterher. Jetzt oder nie!

„Hey! Stopp!", schrie einer der Männer und schnitt ihnen den Weg ab.

15 Rettung für Nori

Kurz überlegte Toni, die Käfige zu öffnen, damit die Welpen flüchten konnten, sobald der Transporter am Ziel angekommen war. Aber das kam auch nicht in Frage! Die kleinen Hunde waren viel zu jung, um sich allein durchzuschlagen. Sie hätten kaum Chancen zu überleben oder würden in einer der Tötungsstationen für Straßenhunde landen.

„Grr!" Toni brummte vor Anspannung. Der kleine Terrier leckte ihr die Hand, als wollte er ihr Mut machen.

„Dabei sollte ich dich trösten und retten", sagte Toni und schluckte die aufsteigenden Tränen hinunter.

Immer wieder streichelte Toni über das struppige Fell des Welpen. Das beruhigte sie ein wenig. Der Kleine ließ es sich gefallen, schien es sogar zu genießen. Auf einmal blitzte in Tonis Kopf der Name Nori auf. „Nori", sagte sie leise. Der Welpe drehte ihr seinen Kopf zu, als würde er tatsächlich so heißen. War der Name Nori männlich oder weiblich? Egal! Sie wusste ohnehin nicht, welches Geschlecht der Hund hatte. „Nori! Ich rette dich!", sagte Toni entschlossen.

> ✕ In vielen Ländern Europas gibt es **Tötungsstationen** für Hunde. Straßenhunde werden eingefangen und immer wieder werden Hunde einfach dort angebunden, wenn ihre Halter sie nicht mehr wollen.
> Die Lebensbedingungen in den Stationen sind meistens sehr schlecht, zum Beispiel gibt es kaum Schutz vor Regen und Schnee oder vor praller Sonne. Nur Hunde, die völlig gesund und ruhig sind, haben eine kleine Chance, von dort wegzukommen und verkauft zu werden. Alle anderen werden innerhalb von wenigen Wochen getötet.

Woran könnte Toni erkennen, um welches Geschlecht es sich bei einem Hund handelt? Was ist richtig?

A: Bei männlichen Welpen sieht der Penis in der Vorhaut am Unterbauch zunächst aus wie eine kleine Beule.

B: Bei Rüden ist der Penis von Anfang an gut zu sehen.

C: Nur weibliche Hunde haben Brustwarzen.

Lösung auf Seite 159

Quiz

Toni schöpfte wieder ein wenig Hoffnung. Hatte jemand von den Pfotenfreunden ihre Nachricht gelesen? Vielleicht hatten Jonas und Emil mitbekommen, in welche Richtung der Transporter gefahren war. Lange hielt Tonis Zuversicht jedoch nicht an, denn selbst wenn beides zutraf, wusste niemand, wo sie jetzt im Moment war. Und noch weniger, wo sie in zwei Stunden sein würde.

„Mist! Blöder Mist!", rief Toni frustriert und sprang auf. Der Welpe in ihrem Arm winselte erschrocken und wand sich.

„Oh, entschuldige Nori! Was soll ich nur machen? Ich halte diese Warterei nicht mehr aus!" Toni setzte sich wieder.

Anscheinend hatte Nori aber auch keine Antwort, denn er blickte Toni nur mit traurigen Augen an.

Mit der Warterei hatte es dann jedoch schlagartig ein Ende. Der Transporter wurde langsamer und hielt an. Toni wusste nicht, was sie tun sollte, wenn sie stehen blieben. Das Herz fing an, hart gegen die Brust zu schlagen. Konnte Nori Tonis Nervosität spüren? Zumindest begann er wieder, leise zu wimmern.

Unruhig blickte Toni zwischen den Hundeboxen, Nori und der Ladetür des Transporters hin und her. War es ungerecht, wenn sie nur Nori befreite und die restlichen Welpen nicht? Ihr blieb keine andere Wahl.

„Es tut mir leid! Ich werde alles tun, damit die Männer euch herausgeben müssen", versprach sie den in den Boxen eingepferchten Welpen.

Dann wandte sich Toni der Ladetür zu. Von draußen war außer leisen Stimmen nichts zu hören. Wenn sie nur wüsste, wo sie sich befanden, irgendwo im Niemandsland, vielleicht in einer Stadt? Aber dann müsste man Verkehrslärm hören, oder nicht? Und wenn sie nur wüsste, was die Männer vorhatten. Vielleicht trafen sie sich gleich mit Käufern für die Hunde und dann … Nein! Es half nichts, sich den Kopf zu zerbrechen. Sie musste jetzt den Wagen verlassen.

„Nori, du kommst mit! Sei ganz leise!", raunte sie dem Terrier auf ihrem Arm zu und warf einen letzten entschuldigenden Blick auf die anderen Welpen. Genau in dem Moment, als sie den Griff der Ladetür hinunterdrücken wollte, hörte sie Hundegebell. Emil? Es hörte sich an wie Emil. Konnte ihr Hund wirklich draußen vor dem Transporter sein? Noch bevor sie überlegen konnte, ob ihr dies helfen oder sie verraten würde, wurden die Stimmen lauter.

„Emiiiil!", rief Toni.

Was wäre, wenn die Männer Waffen bei sich hätten. Daran hatte sie bisher überhaupt nicht gedacht.

„Ich muss Emil helfen!"

Toni drückte Nori an sich, packte den Türgriff und hörte von draußen einen lauten Schrei: „Toniiii!"

Jonas! Jonas war auch hier. Was für ein Glück! Zusammen hatten sie vielleicht eine Chance, wenigstens Nori zu retten.

Entschlossen drückte sie die Tür auf und sah hinaus. Ein paar Meter vom Transporter entfernt standen drei Männer mit dem Rücken zu ihr. Einer hatte die Hände in die Hüften gestemmt, ein anderer hob drohend die Faust. Sie standen wie eine unüberwindbare Mauer vor Jonas und Emil.

Einer schrie Jonas an: „Was machen hier?"

Jonas reagierte nicht, sondern starrte geradeaus in Tonis Richtung, was die Männer wütend zu machen schien. Emil bellte.

„Hey, du!" Die Stimme des Mannes hatte jetzt einen gefährlichen Ton angenommen.

Daraufhin begann Emil, leise zu knurren. Die Männer wichen einen Schritt zurück, blieben dann aber wieder stehen. Toni starrte wie gebannt auf die Szene, bis ihr Jonas mit einer Kopfbewegung zu verstehen gab, dass sie weglaufen sollte. Mit Nori im Arm stieg sie aus dem Transporter, geradewegs auf einen trockenen Ast. Der zerbrach unter ihrem Fuß mit einem lauten Knacken. Verdammt! Warum hatte sie nicht aufgepasst?

Natürlich hatte es einer der Männer gehört und fuhr herum. „Stoooopp!", schrie er und rannte los.

Toni packte Nori fester und stürzte los. Wohin? Egal! Hauptsache weg von den Männern, einfach in den Wald, kreuz und quer zwischen den Bäumen hindurch.

16 Verfolgung im Wald

Schon wieder war alles schiefgegangen. Einer der Männer
hatte Toni gehört und jetzt waren alle drei hinter ihr her.
„Lauf! Schnell!", beschwor Jonas sie in Gedanken und rannte
den Männern und Toni nach. Ein Stück vor ihm lief Emil,
immer noch laut bellend. Jonas konnte sehen, wie stark Emil
inzwischen humpelte. Er musste große Schmerzen haben. Und
doch lief er weiter, um seinem Frauchen zu helfen. Vielleicht
waren Hunde doch gar nicht so schlecht. Wenn sie ihm nur
nicht zu nahe kamen!
Toni rannte wie ein junges Reh im Zickzack durch den Wald. Das
war nicht dumm, musste Jonas anerkennen. Denn dadurch waren
auch ihre Verfolger gezwungen, immer wieder die Richtung zu
wechseln. Die Männer wurden langsamer. Mit dem linken Arm
hielt Toni etwas an ihren Körper gepresst. Wenigstens hatte sie
anscheinend ihre Katze befreien können. Mit ihrer Taktik brachte
Toni mehr Abstand zwischen sich und die Männer.
Jonas selbst kam sich vor wie ein Nilpferd. Ständig blieb er an
diesem Rankzeug hängen, stolperte über Baumstümpfe, die
unter Moos verborgen lagen, oder über die langen Wurzeln
der Bäume. Die sahen aus wie dicke Schlangen, die über den
Waldboden krochen. Richtig unheimlich! Jonas keuchte. Aber
er ignorierte das Seitenstechen und rannte weiter, denn nun
schienen die Männer ihre Strategie zu ändern. Sie teilten sich
auf. Lange würde Toni dieses Tempo nicht halten können. Was
hatte sie überhaupt vor? Wenn sie immer weiterlief, würde sie

irgendwann keine Luft mehr haben und dann doch noch von den Männern eingeholt werden. Aber vielleicht hatte sie ein Ziel! Einer der Männer kam ihr näher. Oh, nein! Gleich hatte er sie eingeholt! Schnell schlug Toni einen Haken. Ihr Verfolger stolperte. Schon dachte Jonas, er würde stürzen und Toni sei erst einmal gerettet. Doch der Mann fing sich und setzte ihr wieder nach. Inzwischen hatte Emil den Mann erreicht und sprang mit lautem Gebell auf ihn zu. Der hob einen Ast vom Boden auf, mit dem er Emil abwehrte. Emil bellte immer wütender. Jonas lief es kalt den Rücken hinunter, obwohl er total verschwitzt war. Mit dem Mann wollte er nicht tauschen! Toni dagegen schien sich Sorgen um ihren Hund zu machen. „Emil! Pass auf!", rief sie und schnappte nach Luft. Jonas konnte Panik in ihrer Stimme hören. Wie konnte er den beiden nur helfen? Er entdeckte einen Ast und packte ihn mit beiden Händen. Nun kamen auch die beiden anderen Männer immer näher. Toni stolperte nur noch rückwärts.
Und dann war sie weg.

Jonas blieb abrupt stehen, der Ast fiel zu Boden. Beinahe wäre er gestürzt. Er traute seinen Augen nicht. Wo war Toni? Vom Waldboden verschluckt? Noch während er sich das fragte, hörte er Toni gellend schreien. Es krachte dumpf.

Von irgendwo kam das Geräusch brechender Äste. Von irgendwo, anscheinend aus der Tiefe. Wie konnte das sein? Jonas musste zu Toni, setzte sich wieder in Bewegung, ohne auf die Männer und Emil zu achten. Er musste wissen, wo Toni war, was mit ihr passiert war. Und dann stand er plötzlich an einem tiefen Abhang. „Neiiiin!", schrie Jonas. Toni war den Abhang hinunter-gestürzt. Auf einmal fiel Jonas das Schild wieder ein: „Höllental". Toni lag in der Höllentalschlucht! Neben Jonas tauchte Emil auf, bellte verzweifelt und kratzte mit den Vorderpfoten im Waldboden vor dem Abgrund. Von Toni war nichts zu sehen. Wildes Gestrüpp, umgestürzte Bäume und glitschiges, braunes Laub bedeckten den Abhang. Zudem wurde es immer dämmriger.
Ich muss hinunterklettern, war alles, was Jonas denken konnte. Da drangen die Stimmen von Tonis Verfolgern zu ihm durch. Sie standen in einiger Entfernung auch am Abgrund und diskutierten aufgeregt und mit fuchtelnden Armen. Einer der Männer zeigte in den Wald hinein. Ein anderer packte ihn am Arm. Doch er riss sich los und stapfte davon. Das durfte doch nicht wahr sein. Zuerst jagte er Toni in die Schlucht und dann wollte er einfach abhauen! In Jonas stieg heiße Wut auf. „Emil! Fass!" schrie er. „Faaass!
Emil reagierte nicht auf Jonas' Ruf. War ja klar! Er und Hunde, das ging einfach nicht!

Nun kam aber trotzdem Bewegung in die beiden anderen Männer. Sie warfen einen letzten Blick in die Schlucht und auf

Emil reagiert nicht auf den Befehl **„Fass!"**, weil er nicht darauf trainiert wurde. Es kann gefährlich werden, wenn einem Hund das Beißen mit dem Befehl „Fass" beigebracht wird. Dies sollte nur von professionellen Hunde-trainern für Gebrauchs-hunde gelernt werden. Wenn die Ausbildung nicht abgeschlossen wird, lernt der Hund zwar zuzubeißen, aber nicht, dass er gehorchen muss.

Emil. Dann wollten auch sie sich aus dem Staub machen. Sie kamen nicht weit. Emil baute sich vor den Männern auf und knurrte sie mit gefletschten Zähnen an. Sobald sie einen Schritt nach vorne wagten, drängte er sie zurück. Immer ein kleines Stück weiter. Nach ein paar Versuchen konnten sie nach hinten nicht mehr ausweichen. Dort befand sich der Abgrund. Zu ihrem Pech und Emils Glück konnten sie von ihrem Platz aus auch keinen Ast erreichen. Die beiden saßen in der Falle.

„Super! Emil! Halt sie dort fest! Ich klettere zu Toni hinunter!" Jonas fühlte sich auf einmal ganz mutig. Er würde jetzt Toni aus der Schlucht retten. Es war ein gutes Gefühl, auch wenn das Herz in seiner Brust hämmerte.
Aber der dritte Mann war entkommen. Er fuhr mit dem Transporter auf und davon und ließ seine Kumpels im Wald zurück. Verräter!

17 Ein Sturz mit Folgen

„Aaah!", stöhnte Toni, als sie wieder zu sich kam. Stechende Schmerzen schossen wie Pfeile durch ihr rechtes Bein. Im ersten Moment wusste sie nicht, wo sie war. Dann drang langsam in ihr Bewusstsein, was passiert war: der Transporter, die Welpen, die Männer, die sie verfolgt hatten – und dann war sie rückwärts gestolpert, ins Nichts getreten und gefallen. Toni versuchte sich aufzurichten. Die Schmerzen im Bein ließen sie wieder zurücksinken.

Als sie auf dem Waldboden aufgeprallt war, hatte sie sich instinktiv im Schwung auf die Seite gedreht. So war wenigstens ihr Kopf verschont geblieben. Dafür hatte sich das Aikido-Training allemal gelohnt. Dort hatten sie gelernt, nicht wie ein Mehlsack auf den Boden zu fallen. Wer weiß, ob sie sonst überhaupt noch einmal zu sich gekommen wäre.

Aber irgendetwas Hartes, vielleicht ein dicker Ast oder ein Baumstumpf, hatte ihr Bein getroffen und sie war weiter einen steilen Abhang hinuntergerollt. Was danach gekommen war, wusste sie nicht. Jetzt lag sie hier in einem Holunderbusch und konnte sich kaum bewegen. Dahinter stieg das Gelände steil an. Toni schaute nach oben. Sie hatte Riesenglück gehabt, dass sie nicht gegen einen der dicken Bäume geprallt war. Oder gar gegen einen der moosbewachsenen Felsbrocken, die es hier auch gab. So hatte sie „nur" Totholz, junge Nadelbäume und Gestrüpp abbekommen.

Ai = Harmonie
Ki = Lebensenergie
Do = Lebensweg
AiKiDo ist eine friedfertige Kampfkunst aus Japan.
Der AiKiDo-Kämpfer nimmt die Kraft des Angreifers auf und setzt sie zusammen mit seiner eigenen Kraft ein. Typisch sind fließende runde und spiralförmige Bewegungen. Körperliche und geistige Beweglichkeit wird trainiert. Falltechniken werden geübt.

Totholz nennt man abgestorbene Äste oder Stümpfe von Bäumen und Sträuchern. Das Totholz ist sehr wichtig für viele Waldtiere. Wildbienen, Käfer und andere Insekten finden darin Lebensraum. Spechte bauen ihre Höhlen hinein, Erdkröten finden einen Platz zum Überwintern. Totholz sieht vielleicht unordentlich aus, ist aber Tierschutz im Wald. Auch im Garten kannst du in manchen Ecken, zum Beispiel unter Sträuchern, Zweige oder Laubhaufen liegen lassen.

Toni blickte den steilen Abhang hinauf. Das hier konnte eigentlich nur die Höllentalschlucht sein. Solch ein steiles Gelände gab es in der Gegend sonst nirgends. Das obere Ende der Schlucht konnte Toni nicht sehen, so weit unten war sie gelandet. Außerdem wurde es immer düsterer. Tonis Herz begann, schneller zu klopfen. Wie sollte sie hier wegkommen? Noch einmal versuchte sie aufzustehen, sackte jedoch wieder stöhnend zusammen. Hilfe konnte sie auch nicht rufen: Der Akku ihres Handys war ja leer. Blieb nur Jonas! Jonas war am Transporter gewesen. Wie er das geschafft hatte, war Toni schleierhaft. Aber er war dagewesen. Er würde ihr helfen! Doch bestimmt hatten ihn diese Männer festgesetzt. Am Ende hatten sie ihn gefesselt und mitgenommen. Nein, Jonas konnte ihr nicht helfen. Er brauchte bestimmt selbst Hilfe. Und sie lag hier ganz allein und verloren in der Schlucht. Toni fühlte, wie die kalte Nässe des Waldbodens durch ihre Kleidung drang. Sie schluchzte auf. Tränen liefen ihr über das Gesicht. Mit der rechten Hand wischte sie sich Blätter und Tränen von der Wange. Sie fühlte den blutigen Striemen im Gesicht. Tonis linker Arm lag immer noch halb unter ihr. Als sie ihn jetzt hervorzog, regte sich in ihr eine Erinnerung. Nori! Sie hatte Nori im Arm gehabt, als sie die Schlucht hinabgestürzt war. Oh, nein! Wo war Nori?

Vorsichtig drehte sich Toni herum. Nein, unter ihrem Körper war der kleine Welpe nicht vergraben. Wenigstens hatte sie ihn nicht zerquetscht. Sie tastete den Boden ab und bog Holunderzweige auseinander. Nichts.

„Nori!"

Keine Reaktion. Toni schob sich mit zusammengebissenen Zähnen etwas nach vorne. Durch das Holundergebüsch konnte sie nicht sehen, ob sie am Grund der Schlucht angekommen war oder mittendrin hing. Junge Brennnesseltriebe streiften ihr Gesicht und ließen die Haut brennen. Das war egal. Hauptsache, sie fand Nori.

Toni überlegte. Sie hatte Nori im linken Arm gehalten, als sie gestürzt war. Aber hatte sie sich dann über links oder über rechts abgerollt? War Nori gleich beim ersten Aufprall aus ihrem Arm gerutscht oder bei ihr geblieben? Sie wusste es einfach nicht. Vielleicht konnte sie ihn hören. Toni lauschte angestrengt. Neben dem Rauschen der Bäume im Wind hörte sie das vielstimmige Gezirpe der Vögel. Normalerweise konnte sie die Vogelstimmen ganz gut auseinanderhalten. Doch jetzt hatte sie keinen Nerv dafür. Nur das Klopfen eines Spechts und die Krähen waren unverkennbar.

Irgendwo unter ihr plätscherte Wasser. Also war sie nicht ganz unten am Grund der Schlucht gelandet. Dort floss nämlich ein Bach, den kannte Toni von einer Wanderung. Wie laut es im Wald doch war! So viele Geräusche! Aber von Nori war nichts zu hören. Verzweifelt robbte Toni noch ein Stück zur Seite. Doch es tat einfach zu weh. Sie ließ sich zurück auf den Waldboden fallen. Wieder liefen ihr Tränen übers Gesicht.

18 In der Schlucht

Beim **Klettern in der Halle** gibt es verschiedene Möglichkeiten, u. a.:

Top-Rope-Klettern
Das Sicherungsseil kommt von einer Umkehrung am Ende der Kletterroute herunter.

Vorstieg-Klettern
Das Sicherungsseil wird mitgetragen und am Sicherungspunkt eingeklickt.

Beim **Bouldern** klettert man ohne Sicherung nur so hoch, wie man abspringen kann. Bouldern macht stark. Man lernt planvoll vorzugehen, aber auch, mal etwas zu riskieren. Bouldern ist gut für das Gleichgewicht und für das Körpergefühl. Vor allem aber macht es Spaß.

Jonas durfte keine Zeit verlieren. Er musste jetzt in die Schlucht zu Toni klettern. In Frankfurt war er öfter in der Kletterhalle gewesen. Dass die Schlucht eine völlig andere Sache war, merkte er schon bei einem genaueren Blick in die Tiefe. Woran konnte er sich hier nur festhalten? Was war sicher genug? Es war niemandem geholfen, wenn er jetzt auch noch abstürzte. Ein Seil wäre praktisch. Aber das konnte er nicht herbeizaubern. Es musste auch so gehen. Jonas zerrte an dem Strauch, der genau auf der Kante des Abgrunds wuchs. Okay, der müsste halten. Er packte den kleinen Strauch und stieg rückwärts über die Hangkante. Ui! Das war rutschig. Jonas musste aufpassen, dass ihm die Füße nicht wegglitten. Schnell bohrte er die Schuhe in den Boden. Der Strauch bog sich bedenklich unter Jonas' Gewicht. Langsam beugte er sich nach links und packte einen dünnen, biegsamen Birkenstamm. Er ließ den Strauch los und hangelte sich hinüber zur Birke. Geschafft. Die nächsten Haltemöglichkeiten waren nahe. So kam er ein gutes Stück voran. Doch dann überschätzte er die nächste Pflanze. Gerade, als er sich an sie hängte, brach der Zweig ab, an dem er sich festhielt.

„Aaah!"

Jonas plumpste auf den Boden und rutschte auf dem Bauch den Abhang hinunter, die Füße voran. Mit den Händen versuchte er, irgendetwas am Boden zu greifen. Walderde und Moos quoll zwischen seinen Fingern hindurch. Und dann bekam er auf einmal eine Mini-Tanne zu fassen. Und die hielt.

„Puh!" Das war gerade noch einmal gut gegangen. Schnell bohrte er einen Fuß in die Erde und tastete mit dem anderen den Boden nach einer Erhebung ab. Nachdem ihm ein Baumstumpf Halt gab, konnte er die rettende Mini-Tanne loslassen und sich aufrichten. Jonas keuchte und das Herz schlug ihm bis zum Hals. So etwas konnte in der Kletterhalle nicht passieren. Da riss man die Haltegriffe nicht einfach aus der Wand.

Um sich zu beruhigen, atmete Jonas tief durch und sah sich um. Nicht weit entfernt entdeckte er ein Eichhörnchen. Es saß auf einem Ast und sah zu ihm herüber. Jonas kam es vor, als würde es ihn auslachen. Wie ein Eichhörnchen klettern, das müsste man können. Aber er hatte schließlich auch keine Greiffinger mit scharfen Krallen, wie das Eichhörnchen.

„Joonaaas!"

Tatsächlich! Toni hatte ihn gerufen. Gedämpft, aber eindeutig war der Ruf bei ihm angekommen.

Lösung auf Seite 159

107

Das Eichhörnchen hat lange Finger und Zehen zum Greifen. Es sind:

A: 4 an den Vorderpfoten und 5 an den Hinterpfoten

B: 5 an den Vorderpfoten und 6 an den Hinterpfoten

C: 5 an den Vorderpfoten und 5 an den Hinterpfoten

D: 5 an den Vorderpfoten und 4 an den Hinterpfoten

Quiz

„Toni! Ich komme!"

Vor Eifer trat Jonas einen morschen Ast los, der den Abhang hinunterpolterte.

Er musste besser aufpassen. Bald hatte er sie erreicht. Sie lag halb verborgen unter einem Strauch.

„Toni! Bin ich froh! Geht es dir gut? Kannst du dich bewegen?" Jonas wollte am liebsten alles auf einmal wissen.

„Und ich bin erst froh!", seufzte Toni. „Ich dachte schon, ich müsste die ganze Nacht auf dem nassen Waldboden liegen."

Jonas nickte und sah in den Wald. „Ja, wir sollten uns beeilen. Es wird schon dunkel."

Er reichte Toni die Hand. „Komm, gehen wir!"

„Ich kann nicht! Mein Bein!"

Jonas kniete sich neben Toni. „Was ist passiert?"

„Keine Ahnung! Vielleicht gebrochen. Es tut wahnsinnig weh! Hier! Vom Unterschenkel abwärts."

„Oh, nein! Und jetzt?" Jonas half Toni, sich aufzusetzen.

„Wo ist eigentlich Emil?", fragte Toni statt einer Antwort. „Und was ist mit den Männern?"

Jonas grinste. „Zwei stehen mit dem Rücken am Abgrund. Emil hält sie fest! Aber einer ist mit dem Transporter abgehauen."

„Mein Emil!", sagte Toni stolz. „Aber sie können ihm doch nichts antun, oder?", fragte sie im selben Atemzug besorgt.

„Ich glaube nicht, der hat sie voll im Griff!" Zumindest hatte es für Jonas so ausgesehen. Dass er sich nicht sicher war, sagte er Toni lieber nicht.

„Hast du die Polizei gerufen?", fragte Toni auf einmal.

Jonas schlug sich mit der Hand vor die Stirn. „Die Polizei! Das habe ich in dem ganzen Chaos total vergessen!"
Schnell zog er das Handy aus der Tasche. Hoffentlich funktionierte es noch. Ein Glück, es hatte bei seinem Sturz nichts abbekommen. Aber dann: „Kein Empfang!"
Eine Weile saßen Jonas und Toni nebeneinander und sagten nichts. Dann stand Jonas auf, wischte sich Blätter und Tannennadeln von den Händen und sagte bestimmt: „Dann werde ich dich schon irgendwie aus der Schlucht herausbekommen!"
„Ich bleibe hier!"
„Waaas?" Jonas war entsetzt. „Warum?"
„Ich gehe nicht ohne ..."
„Ach ja", rief Jonas. „Wo ist deine Katze?"
„Katze? Wieso Katze?" Toni sah Jonas verständnislos an.
„Du hast doch Mistral aus dem Transporter gerettet, oder nicht?"
Jetzt war es Toni, die sich vor die Stirn schlug. „Ach, so! Das weißt du ja noch gar nicht. In dem Transporter waren keine Katzen!"
Toni erzählte Jonas, was sie in dem Wagen vorgefunden hatte und wie sie mit dem Terrier-Welpen Nori geflüchtet war. „Und ich gehe hier nicht ohne Nori weg! Du musst Nori suchen!"
So gut kannte Jonas Toni inzwischen, dass ihm klar war, sie würde nicht nachgeben. Wenn es um Tiere ging, konnte sie stur wie ein Esel sein.
„Aber es wird gleich dunkel", wagte er einen müden Versuch.
„Hat dein Handy keine Taschenlampe?", fragte Toni spitz und schob dann ein „Bitte" nach.
Jonas seufzte tief. „Na gut! Aber wo soll ich suchen?"

Toni zeigte quer über den Abhang auf ein Dickicht, das etwas höher lag. „Ich glaube, dort habe ich etwas gehört."

Na dann. Mit der Handy-Taschenlampe bewaffnet kroch Jonas auf allen vieren zu der Stelle. Bäume zum Festhalten fand er hier nicht, deshalb kam er nur sehr langsam voran. Er leuchtete die nähere Umgebung ab. Kein Hundewelpe zu sehen. Immer wieder hörte er Tonis ungeduldige Rufe: „Und? Hast du schon etwas entdeckt?"

Er konnte doch nicht hexen! Doch dann erreichte er das Dickicht. Oh, nein, schon wieder diese blöden stacheligen Ranken, die sich in die Haut bohrten. Mit einem Stock schob Jonas das Zeug zur Seite. Vorsichtig, um den Hund nicht zu verletzen, falls er wirklich dort lag. Er konnte nichts finden, umkreiste das Dickicht, leuchtete es aus. Fast wollte er schon aufgeben, da entdeckte er einen struppigen Haarhaufen, halb unter Blättern verdeckt. Das musste der Hund sein.

„Jonas! Was ist?"

„Ich hab ihn."

„Lebt er?"

„Ich weiß nicht. Er rührt sich nicht."

„Dann geh näher ran!"

Was sollte er jetzt tun? Jonas sah auf das Tier. Stupste es ganz leicht mit einem Stock an.

„Er bewegt sich", rief er Toni zu.

„Was für ein Glück! Dann bring ihn her!"

Jonas drehte sich langsam wieder zu dem Welpen.

„Ich kann nicht!"

19 Nicht ohne Nori

„Jonas, du musst Nori zu mir bringen. Er ist bestimmt verletzt!
Es wird dunkel und wir müssen hier raus!"
Toni legte so viel Nachdruck in ihre Stimme wie möglich. Das
musste ihm doch einleuchten. Was sollte ihm so ein kleiner
Welpe schon tun?
„Ich kann ihn nicht anfassen", kam es von Jonas.
Wenn sie doch nur selbst aufstehen könnte! Toni hieb wütend in
den Waldboden. „Jonas! Wir werden hier erfrieren! Ist das besser?"
„Nein ... ich weiß."
Toni hatte eine Idee. „Zieh deine Jacke aus und hebe ihn damit
hoch."

Eine gefühlte Ewigkeit hörte Toni nichts. „Jonas! Stell dich nicht
so an. Es ist ein Hundewelpe!"
„Ja, ja! Ich habe ihn in meiner Jacke."
Jonas' Stimme klang komisch gepresst. Toni konnte es sich zwar
nicht vorstellen, aber Jonas musste es große Überwindung kosten.
„Pass auf, dass der Kopf frei ist!"
Ungeduldig wartete Toni auf Jonas. Als er endlich auftauchte,
musste sie fast lachen. Er robbte auf dem Hintern sitzend über
den Hang und hielt seine Jacke am ausgestreckten Arm
ganz weit von sich. „Entschuldige!", sagte sie, als sie Jonas'
vernichtenden Blick auffing. „Das machst du super!"
Als Toni Nori zusammengekauert in Jonas' Jacke sah, verging
ihr das Lachen. Der kleine Welpe sah grauenhaft aus. Sanft
streichelte Toni über seinen Kopf, wischte Laub und Moos von

seinem Fell. Aus einer kleinen Wunde tropfte Blut. Ein fiepsiges Geräusch, das wie ein Seufzer klang, drang aus Nori, und er bebte leicht.

„Oh Nori, mein Kleiner! Jetzt bist du in Sicherheit."

„Ich will ja nichts sagen, aber wenn wir noch länger hier bleiben, ist niemand in Sicherheit", drängte Jonas.

Trotz der Schmerzen hatte Toni ihr verletztes Bein aus ihren Gedanken verbannt. Nun traf sie die Ausweglosigkeit der Situation mit voller Wucht.

„Wie soll das gehen, mit meinem Bein?"

„Komm, wir probieren es wenigstens", sagte Jonas bestimmt.

„Halt! Wenn das Bein gebrochen ist, machen wir vielleicht noch mehr kaputt. Wir müssen es schienen!"

Jonas machte sich auf die Suche nach stabilen, geraden Holzstöcken. Davon gab es zum Glück genügend im Wald. Wieder zurück, zog er seinen Pulli über den Kopf.

„Was machst du? Du erkältest dich noch", sagte Toni. „Nimm meine Jacke!"

„Nein! Du bist verletzt und darfst nicht auskühlen. Die Stöcke müssen gepolstert werden, sonst tut es zu weh. Ich glaube zumindest, dass ich das schon einmal gesehen habe", antwortete Jonas.

Dann legte er seinen Pulli auf die beiden Stöcke und zog auch noch seinen Gürtel aus der Hose. Na super! Bald hatte er gar nichts mehr an. Aber den Gürtel brauchte er, um die Stöcke-Pulli-Schiene an Tonis Bein zu befestigen.

„Los geht's! Ich mach vorsichtig", sagte Jonas.

Toni presste die Lippen aufeinander und krallte die Finger in ihre Jacke, als Jonas vorsichtig ihr Bein anhob. Trotzdem konnte sie die Tränen nicht zurückhalten. Vorsichtig schob Jonas den Ast unter Tonis Bein. Geschafft!

„Geht es?", fragte Jonas. „Können wir weitermachen?"

Toni wäre am liebsten liegen geblieben und hätte sich selbst bedauert.

Von hinten umarmte Jonas Toni und versuchte, sie hochzuschieben. Mit einer Hand hielt sich Toni an einer dünnen Birke fest. Jonas stemmte sich gegen den Hang. Schmerzpfeile schossen durch Tonis Körper. Aber schließlich stand sie auf einem Bein, an die Birke gelehnt. Jonas keuchte heftig. Und doch hörte Toni so viel Kraft in seiner Stimme wie noch nie.

„Gut gemacht! Wir werden das schaffen!"

Tonis Knie am unverletzten Bein zitterte. Sie konnte sich kaum halten, fühlte sich wabbelig wie Pudding. Als beide wieder Luft geholt hatten, hob Jonas einen weiteren Stock auf.

„Auf den kannst du dich stützen und den anderen Arm legst du um meine Schulter."

Vorsichtig probierten sie einen Schritt. Ja! Es funktionierte!

„Und Nori", fragte Toni plötzlich.

„Den hole ich nachher", sagte Jonas. „Zuerst musst du hier raus!"

Toni ließ Jonas' Schulter los und wäre beinahe gestürzt. „Niemals!"

„Ach nein! Nicht schon wieder, Toni!"

Doch Toni schüttelte heftig den Kopf. „Ich lasse Nori nicht hier. Stell dir vor, er wird munterer und läuft weg. Dann ist er verloren! Das wäre sein sicherer Tod!"

Jonas stöhnte. „Und wie stellst du dir das vor? Du hast keinen Arm frei, und ich muss mit dem freien Arm nach Haltemöglichkeiten greifen. Das ist sowieso schon gefährlich genug."

Toni wusste, dass Jonas recht hatte, aber sie wollte und konnte es nicht wahrhaben.

Gefühle 😊 🙂 😐 🙁 ☹️

Schmerzen, Freude, Wut oder Trauer –
Wir weinen, wenn sich die Gefühle in uns stauen.

Vielen ist es peinlich, vor anderen zu weinen.
Was denkst du darüber?

_____

_____

_____

_____

_____

20 Hilfe in Not

Das war einfach nur verrückt. Jetzt hatte Jonas Toni endlich gefunden, und nun wollte sie sich wegen eines kleinen Hundes nicht retten lassen! Wenn es um Tiere ging, konnte man nicht vernünftig mit ihr reden.

„Weißt du, ich werde jetzt ohne dich und ohne diesen Hund wieder nach oben steigen, wenn du so stur bist!" Jonas merkte, wie er immer ärgerlicher wurde.

„Dann bring wenigstens Nori zuerst nach oben", bettelte Toni. „Mit ihm bist du viel schneller!"

Jonas schüttelte den Kopf. „Und wenn ich nicht mehr zu dir finde, weil es zu dunkel ist?"

„Ach was! Das geht schon", gab sie zurück und winkte ab. „Vielleicht hast du oben Netz und kannst die Polizei anrufen!", schob sie noch nach.

Das war nicht unlogisch. Jonas' Zweifel begannen zu bröckeln. Vielleicht hatte Toni recht.

Sie hatte auch gleich eine Idee, wie sie Nori transportieren konnten. Jonas sollte sich seine Jacke wie einen Rucksack umbinden und Nori vor seinem Bauch tragen. *Niemals!,* dachte Jonas. Er setzte zum Protest an, doch Toni sprach schon weiter. „Nori kann von dir wegschauen, dann passiert dir nichts!"

Jonas war die Sache nicht geheuer. Aber bevor sie noch mehr Zeit verloren, verknotete er die Jackenärmel vor seiner Brust. Das untere Ende stopfte er in seine Jeans, so dass Nori wie in einem Kängurubeutel lag.

115

Jonas gab sich geschlagen von Tonis felsenfestem Willen und
ihrem großen Herzen für Tiere.

„Viel Glück! Pass auf Nori auf!", rief ihm Toni hinterher.

Pass du lieber auf dich auf, dachte Jonas.

Das Handy hatte er sich in die Brusttasche seines T-Shirts gesteckt.
So hatte er ein wenig Licht und doch beide Hände zum Klettern
frei. Diesmal kam er ohne größere Unfälle voran. Kurz vor der
Hangkante hörte er die Männer lauthals diskutieren. Jonas
verstand zwar nicht, was sie sagten, aber dass es keine freund-
liche Unterhaltung war, hörte man auch so. Emil allerdings ließ
sich davon nicht beeindrucken. Er harrte weiterhin auf seinem
Wachposten aus.

Als die Männer Jonas über die Hangkante klettern sahen, rief
einer: „Hey! Nimm Hund weg!"

Jonas reagierte nicht, sondern löste den „Jackenrucksack".
Er war froh, mehr Abstand von Nori zu bekommen.

Kurz durchatmen, dachte er, dann wollte er zurück in die
Schlucht zu Toni. Fragte sich nur, wohin mit Nori. Er konnte ihn
schlecht einfach auf den Boden legen. Emil kam als Aufpasser
auch nicht in Frage. Der hatte genug mit den beiden Männern
zu tun. Seinen Gürtel hatte Jonas auch nicht mehr, um den
Hund anzuleinen. Blieb nur eine letzte Möglichkeit. Statt vor
seinen Bauch band Jonas seine Jacke mit Nori an einen
Baumstamm. Das war zwar nicht ganz sicher, weil er dem Hund
genug Raum zum Atmen lassen musste. Was wiederum hieß,
dass er sich vielleicht selbst aus der Jacke befreien konnte.

Aber eine andere Lösung fiel Jonas nicht ein. Inzwischen hatten die Männer den Welpen gesehen.

„Du bist Dieb!", rief der eine. „Hund gehören uns!", der andere.

Jonas schluckte. Im Grunde hatten sie ja recht. Toni hatte den Hund aus dem Transporter weggenommen. Durfte man das, um ein Tier zu retten? Davon hatte Jonas keine Ahnung. Sollte er die Polizei lieber doch nicht rufen? Doch! Toni hatte ihn ausdrücklich dazu aufgefordert. Und sie musste das wissen als Tierschützerin! Außerdem brauchten sie Hilfe, wenn sie es nicht allein aus der Schlucht schafften.

Damit die Männer nicht mitbekamen, dass Jonas die Polizei rief, stellte er sich hinter ein dichtes Gebüsch.

„Hey! Bleiben!", rief ihm einer der Männer nach.

Aber Jonas blickte gespannt auf das Handy. Ja! Hier oben hatte er Netz!

Jonas wählte die Notrufnummer 110 der Polizei.

„Polizeidienststelle Burgstein. Guten Tag!"

„Hallo! Sie müssen uns helfen. Hier sind Männer, die Hundebabys in einem weißen Transporter … ähm schlecht behandeln."

Oje! Jonas hätte sich vorher überlegen sollen, was er der Polizei sagt.

„Schon wieder? Ihr habt doch schon angerufen. Aber ich dachte, es geht um Katzen."

„Nein, nein, das ist ganz anders, aber Toni liegt in der Schlucht!"

„Antonia Riedmüller? Meinst du die? Hier ist eine Gruppe vom Tierheim. Die wollten, dass wir nach ihr suchen."

110

117

„Ja, genau, Toni! Sie ist in die Höllentalschlucht gestürzt und hat sich verletzt!"

„Wer bist du? Und wo seid ihr genau."

„Jonas, Jonas Winter. Ich bin der Nachbar von Toni. Ich weiß nicht, wo wir sind. Da ist ein Parkplatz im Wald."

„Okay, ganz ruhig. Es gibt zwar mehrere Parkplätze an der Höllentalschlucht, aber wir werden euch finden. Bleib am besten, wo du bist."

„Okay", sagte Jonas. Aber er würde nicht hier warten und Toni allein in der Schlucht lassen. Er hatte ihr versprochen wiederzukommen.

Wie verhält man sich im Notfall?

Ruhe bewahren! Sich selbst schützen! Hilfe rufen!

Doch wann nimmt man welche Nummer?

110 — die Hilfe der Polizei wird benötigt, eine Straftat wurde beobachtet

112 — es brennt, es ist ein Unfall mit Verletzten passiert, jemand ist lebensbedrohlich krank oder muss geborgen werden

19222 — jemand muss ins Krankenhaus, ist aber nicht lebensbedrohlich verletzt oder krank

Notfallnummern
Polizei 110
Notruf / Feuerwehr 112
Krankentransport 19222

Das muss man bei einem Notruf sagen:

Was ist passiert?
Wo ist es passiert?
Wie viele Personen sind beteiligt und / oder verletzt?
Welche Verletzungen haben die Personen?
Wer ruft an?

Wichtig:

Bleibe so lange am Telefon, bis die Person in der Notrufzentrale sagt, dass du auflegen kannst!

21 Durchhalten

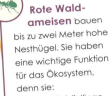

Rote Wald-ameisen bauen bis zu zwei Meter hohe Nesthügel. Sie haben eine wichtige Funktion für das Ökosystem, denn sie:
- fressen Schädlinge
- fressen Aas (Gesundheitspolizei)
- lockern den Waldboden
- verbreiten Samen

Rote Waldameisen sind geschützt. Man darf ihre Nester nicht verändern oder zerstören.

Gnadenlos breitete sich die nasse Kälte des Waldbodens in Tonis Körper aus. Sogar ihre Zähne klapperten schon laut aufeinander. Inzwischen war es richtig dunkel in der Schlucht. Wenn man sie nicht fand, war sie verloren. Toni dachte an Emil. Er war den weiten Weg mit seiner verletzten Pfote gelaufen. Das war bestimmt gefährlich. Sie dachte auch an die Pfotenfreunde. Warum war niemand gekommen, um ihr zu helfen? Etwas krabbelte ihren Rücken hinauf. Als Toni versuchte, das Etwas zu vertreiben, begann die Haut zu brennen. Gleich darauf ging das Krabbeln weiter. Ameisen! Vorsichtig, um ihr Bein zu schonen, schob sich Toni ein Stück zur Seite. Ein Knacken ließ Toni zusammenfahren. Was war das? Flackerndes Licht und heftiges Schnaufen drangen zu ihr. Und dann tauchte Jonas auf.

„Du bist da", sagte Toni schwach. Sie bemerkte selbst, wie undeutlich sie klang, und konnte es an Jonas' besorgtem Blick ablesen.

„Ich hätte dich nicht hierlassen dürfen!", sagte er. „Geht es noch? Kannst du aufstehen?" Toni nickte. Aber als ihr Jonas auf die Beine, besser gesagt, auf ein Bein half, zitterte sie so stark, dass sie fast gestürzt wäre. Jonas konnte sie gerade noch halten. Fest legte er seinen Arm um Tonis Taille, während sie ihre Finger in seine Schulter krallte.

„Geht es Emil gut?", fragte Toni.

„Ja, ja, alles in Ordnung", sagte Jonas. „Wir werden den steilen Aufstieg nicht schaffen. Deshalb gehen wir jetzt quer zum Hang nur leicht nach oben. Okay?"

Alle paar Schritte mussten sie eine Pause machen. Toni wollte nur noch schlafen. Aber das ließ Jonas nicht zu. Er erzählte ihr von seinen Freunden in Frankfurt. Was hatte er gesagt? Toni wollte ihm ja zuhören, aber die meisten Worte flogen an ihr vorbei wie Fledermäuse im Nachtwald. Davon waren einige über ihren Kopf geflattert, während sie gewartet hatte.

Für eine Weile hatte Toni ihre Schmerzen verdrängen können. Jetzt brachen sie wieder über sie herein.

„Sind wir bald oben?", fragte sie stöhnend.

Jonas blickte in die Schlucht hinunter, dann nach oben. „Ein gutes Stück haben wir schon geschafft. Das wird schon!"

Aber Toni glaubte ihm nicht, so langsam, wie sie vorankamen. Schweigend schleppten sie sich weiter.

„Hast du das gehört?", fragte Jonas auf einmal.

„Hmmm?" Toni hatte das Gefühl, dass sie außer ihrem eigenen Keuchen gar nichts mehr hören konnte.

„Da! Wieder! Das hört sich nach Polizeisirenen an."

Ja, jetzt konnte Toni es auch hören. Die Sirenen klangen weit entfernt, schienen aber näher zu kommen. Mit neuem Mut setzten Toni und Jonas ihren Weg fort.

„Sie finden uns, ganz bestimmt!", sagte Jonas.

Die Fledermausarten, die es in Deutschland gibt, saugen kein Blut! **Fledermäuse** stehen unter Naturschutz. Manche Arten sind vom Aussterben bedroht. Was kannst du tun?

- Fledermaus-Kästen als Ersatzquartier bauen
- Viele Kräuter und Blumen säen; sie ziehen Insekten an, das Futter für Fledermäuse.
- Bitte deine Eltern, keine chemischen Dünger und Pflanzenschutzmittel zu verwenden.

Doch dann verklangen die Sirenen, und es waren außer ihrem Atem nur noch die Geräusche des Waldes zu hören.

„Oh, nein! Sie sind vorbeigefahren!" Toni fühlte die allerletzten Kraftreserven aus ihrem Körper verschwinden. Tränen stiegen in ihre Augen.

„Nein!" Jonas schrie das Wort fast. „Nein, Toni! Die Polizei ist am Parkplatz angekommen! Verstehst du!" Er rüttelte Toni leicht. „Komm! Weiter! Wir schaffen das!"

Jonas begann zu rufen, immer wieder um Hilfe zu rufen.

Und dann stupste er sie in den Arm.

„Toni! Wir haben es geschafft! Sieh nur! Da oben ist die Hangkante!"

Und dann standen sie tatsächlich auf ebener Fläche über der Höllentalschlucht. Beide begannen gleichzeitig zu lachen und zu weinen, bis Jonas Toni helfen musste, sich zu setzen. Sonst wäre sie einfach umgefallen. Plötzlich tanzten Lichter durch den Wald. Toni kniff die Augen zusammen. War sie jetzt verrückt geworden? Fantasiegestalten im vernebelten Hirn?

Das Nächste, was sie spürte, war eine nasse Zunge, die ihr Gesicht leckte.

22 Gerettet!

Jonas schrak zusammen. Aus dem Nichts tauchte ein schwarzer Schatten auf, der sich auf Toni stürzte. Ein Tier! Gab es in Bayern nicht Bären? Im Fernsehen hatte es vor einiger Zeit einen Bericht über einen erschossenen Bären in Bayern gegeben.

Toni rief: „Emil!"

Wie glücklich Toni klang, als sie ihre Arme um Emil schlang und auf ihn einredete. „Lieber, lieber Emil! Was bin ich froh, dass du da bist ..."

Wie allerallerbeste Freunde, dachte Jonas und bemerkte, wie sich ein ziehendes Gefühl in ihm regte. Neid! Ja, er war neidisch auf Toni.

Neid

Wohl jeder ist ab und zu neidisch. Neid macht uns unzufrieden mit dem, was wir haben und wir fragen uns, wer wir sind. Berichte, wann du schon einmal neidisch warst. Wie kannst du Neid überwinden?

Noch bevor sich Jonas für seine Gefühle schämen konnte, sah er unruhige Lichter im Wald umherirren. Sie wurden heller und dann kamen Stimmen hinzu.

„Hallo! Toni! Jonas! Wo seid ihr? Hier ist die Polizei!"

„Hallo! Hierher! Wir sind hier!", schrie Jonas.

Es dauerte nicht lange, dann wurden sie von einer starken Lampe geblendet. Die Menschen, die sie trugen, konnte er kaum erkennen. Doch dann glitt der Lichtkegel zur Seite und Jonas sah einen jungen Mann in Polizeijacke.

„Bist du Jonas?", fragte der Polizist.

„Ja, und das sind Toni und Emil", antwortete Jonas. „Gut, dass Sie hier sind."

Der Polizist reichte Jonas die Hand. „Und wir sind froh, dass wir euch endlich gefunden haben. Ich bin Polizeihauptwachtmeister Linner."

Hinter ihm tauchten zwei weitere Polizisten auf. „Und das sind meine Kollegen Niedermayer und Moser."

Polizist Moser stellte sich als Polizistin heraus, als sie näher kam. Sie ging gleich auf Toni zu und kniete sich zu ihr.

„Hallo, Toni, der Krankenwagen ist unterwegs. Kannst du so lange noch ruhig sitzen bleiben? Was ist mit deinem Bein passiert?"

„Ich weiß nicht genau. Vielleicht ist es gebrochen", antwortete Toni.

Frau Moser zog ihre Polizeijacke aus und legte sie um Tonis Schultern. Emil streckte sich neben Toni aus und legte seinen Kopf auf ihr gesundes Bein.

Polizeihauptwachtmeister Linner sprach inzwischen in sein Funkgerät: „21/14 meldet: Vermisste Kinder aufgefunden, sind in Sicherheit. Mädchen verletztes Bein – notdürftig geschient. Rettungsdienst unterwegs. Bitte GPS-Daten weitergeben."
Plötzlich wurde Toni unruhig. „Was ist mit Nori?", fragte sie.
„Wer ist Nori?", fragte Frau Moser alarmiert.
Jonas lachte. „Das ist typisch Toni. Egal, wie es ihr selbst geht. Sie denkt immer an ihre Tiere. Nori ist ein Welpe, den Toni aus dem Transporter gerettet hat. Ich habe ihn an einem Baum festgebunden."
Jetzt lachte auch die Polizistin. „Ach, das kleine Päckchen! Wir haben den Welpen gefunden und in den Streifenwagen gebracht. Kollege Müller passt auf ihn auf, und auch auf die Männer, die euer Hund festgesetzt hat."
„Oh! Er lässt sie hoffentlich nicht zu Nori", sagte Toni, schon wieder besorgt.
„Da habe ich vollstes Vertrauen zum Kollegen Müller", erklärte der Hauptwachtmeister. „Aber das klären wir alles später. Jetzt müssen wir euch erst einmal in Sicherheit bringen."

Was gehört nicht zu den Aufgaben der Polizei?

A: die Umwelt schützen

B: die Bürger beim Einkauf beraten

C: die Bürger Tag und Nacht beschützen

D: Beweise sichern

Lösung auf Seite 159

Es dauerte nicht lange, bis sie ein Martinshorn hörten, das näher kam. Herr Linner dirigierte den Rettungsdienst über Funk durch den Wald. Dann tanzten wieder Lichter in der Finsternis, und zwei Sanitäter tauchten mit Notfallkoffer und einer Trage auf.

„Guten Abend. Wo haben wir denn das verletzte Mädchen?"
Die Sanitäter gaben als Erstes der Polizistin ihre Jacke zurück und legten eine goldene Folie über Tonis Schultern. Emil durfte bei ihr bleiben. Dann fragten sie Toni nach ihrem Namen, welcher Tag war und ob sie bewusstlos gewesen war. Jonas staunte, was die Sanitäter alles wissen mussten.

„Das sieht alles schon mal ganz gut aus", sagte einer der Sanitäter. „Wo hast du Schmerzen?", fragte er dann.
Toni musste genau beschreiben, was passiert war und wo es ihr wehtat. Nun prüften sie auch noch, ob sie Hände und Füße fühlen konnte und maßen den Blutdruck. Erst dann legten sie Toni auf die Trage und schnallten sie fest.

Einer der Sanitäter wandte sich an Jonas. „Und du hast das Bein geschient und deine Freundin aus der Schlucht gerettet?", fragte er.

Jonas nickte nur.

Der Sanitäter klopfte ihm auf die Schulter. „Das hast du toll gemacht! Auch wenn nichts gebrochen ist, schützt die Schiene auf jeden Fall das Bein!"

Noch während er sprach, packte der Sanitäter eine zweite Goldfolie aus und legte sie um Jonas. Der bemerkte erst jetzt, wie er vor Kälte zitterte.

„Hast du dich auch verletzt?", wollte der Sanitäter von Jonas wissen.

„Nein! Mir ist nur ein bisschen kalt", antwortete Jonas. Von den blauen Flecken, die er sicher bekommen würde, sagte er nichts. Die waren nicht so schlimm.

„Okay! Wir wären dann so weit", sagte der Sanitäter. Hauptwachtmeister Linner und sein Kollege gingen voraus und leuchteten den Pfad aus. Ihnen folgten die Sanitäter mit Toni auf der Trage. Emil wich seinem Frauchen nicht von der Seite. Die Sanitäter schien das nicht zu stören. Jonas ging mit Frau Moser am Ende der Schlange. Die Polizistin trug außer ihrer Lampe noch den Notfallkoffer der Sanitäter. So marschierten sie durch den dunklen Wald. *Wie beim Martinszug,* dachte Jonas.

Am Waldparkplatz standen zwei Polizeiautos und der Rettungswagen mit Blaulicht. Sie tauchten den Wald in ein gespenstisches Licht. Langsam wurde Jonas bewusst, wie gefährlich ihr Abenteuer gewesen war. Trotz Folie begann er wieder zu zittern. „Passt du auf Emil und Nori auf?", bat Toni Jonas, bevor sie in den Rettungswagen geladen wurde. Ins Krankenhaus durfte Emil nicht mit. Der Rettungswagen fuhr davon.
Frau Moser ging zu den beiden Männern aus dem Transporter. Emil, Jonas und die zwei Polizisten standen neben dem anderen Polizeiwagen.
Jonas' Herz klopfte. Hoffentlich waren die Polizisten nicht sauer, weil er nicht gleich angerufen hatte. Doch Herr Linner, dessen halblange Haare sich auf den Kragen seiner Jacke kringelten,

Haustiere haben eine positive Wirkung auf Menschen. Gassi gehen macht Tier und Mensch körperlich fitter. Das Streicheln eines Tieres entspannt. Über das Tier kommt man mit anderen Menschen leichter in Kontakt. Durch die Verantwortung für das Tier wird man aktiver, kommt nach Krankheiten wieder schneller auf die Beine. Ältere und alleinstehende Menschen fühlen sich mit einem Haustier weniger einsam.

wirkte sehr freundlich. Plötzlich fiel Jonas etwas ein. Der dritte Mann und der Transporter! Das hatte er den Polizisten noch gar nicht erzählt.

„Was ist los?", fragte Herr Linner.

„Da war noch ein dritter Mann in dem Transporter. Er ist abgehauen, mit dem Transporter."

„Ah! Wir haben uns schon gewundert, wo das Fahrzeug geblieben ist. Hast du dir das Kennzeichen gemerkt?"

„Wie war das nochmal? PL-ERA-79-P. Ja, ich bin mir ziemlich sicher. Und Toni hat gesagt, dass im Laderaum sehr viele Welpen eingepfercht sind."

Bevor Jonas weitersprechen konnte, nahm Hauptwachtmeister Linner das Funkgerät zur Hand.

„21/14 an Zentrale. Bitte Fahndung rausgeben: weißer Transporter mit Kennzeichen PL-ERA-79-P, Laderaum voll mit gefährdeten Welpen!"

Der Hauptwachtmeister beendete die Meldung und wandte sich wieder Jonas zu.

„Chef! Der Welpe drüben im anderen Wagen. Wir sollten ihn auf die Quarantänestation bringen!", meldete sich jetzt der andere Polizist zu Wort.

„Ja, da hast du recht! Der Hund des Mädchens ist auch verletzt."

Hauptwachtmeister Linner schickte seinen Kollegen zu dem anderen Streifenwagen und sagte zu Jonas: „Wir fahren jetzt auf die Wache. Ich rufe auch gleich deine Eltern an, und dann müsstest du uns noch ein paar Fragen beantworten."

Jonas war einverstanden. Ihm blieb ja auch nichts anderes übrig. Hauptwachtmeister Linner öffnete für Emil den Kofferraum und setzte sich ans Steuer. Jonas durfte ausnahmsweise auf den Beifahrersitz. Er war noch nie in einem Polizeiwagen gefahren. Seine Frankfurter Freunde würden ganz schön staunen, wenn sie ihn jetzt sehen könnten. Aus dem Wagen wirkten die Hügel viel weniger steil.

Er musste daran denken, wie anstrengend die Fahrt mit dem Board gewesen war.

„Halt!", rief Jonas.

„Was ist los?", fragte Herr Linner.

„Mein Board! Es liegt noch am Parkplatz! Bitte, können wir es holen?"

Der Hauptwachtmeister wendete, fuhr zurück und suchte gemeinsam mit Jonas und einer starken Lampe das Board. Nach einiger Zeit entdeckten sie es zwischen den stacheligen Ranken, die hier überall wuchsen.

„Danke, dass ich es holen durfte!", sagte Jonas.

„Keine Ursache!", Hauptwachtmeister Linner grinste Jonas an. „Mein Neffe fährt auch so ein Ding. Ich weiß, wie wichtig euch die Boards sind."

Erneut startete er den Polizeiwagen und lenkte ihn aus dem Parkplatz auf die Landstraße. Im Lichtkegel des Scheinwerfers

Wenn es im Frühling wärmer wird, machen sich die Igelmännchen auf den Weg, um sich ein Weibchen zu suchen. Die Paarungszeit beginnt. Dabei laufen die Männchen in einer Nacht oft mehrere Kilometer und überqueren auch Straßen. Manchmal unterbrechen **Igel** ihren Winterschlaf. Auch dann können sie leicht überfahren werden. Deshalb Augen auf im Straßenverkehr! Außerdem kannst du Igeln helfen, indem du im Garten Unterschlupfmöglichkeiten schaffst.

Achtung! Viele Igel fressen sich durch Müllsäcke am Straßenrand und werden dann darin abtransportiert! Wenn aus einem Müllsack eine Art Hustengeräusch dringt, könnte das ein eingeschlossener Igel sein.

nahm Jonas eine Bewegung wahr. Etwas Dunkles, Rundes dribbelte genau auf den Wagen zu. Gleich würden die Reifen ...

„Stooopp!"

Jäh trat der Hauptwachtmeister auf die Bremse und Jonas wurde in den Sicherheitsgurt gedrückt. Aber der Polizeiwagen stand.

„Was ist denn jetzt schon wieder?", fragte Hauptwachtmeister Linner nun doch etwas genervt. „Noch etwas vergessen?"

Jonas schüttelte den Kopf und zeigte auf die Straße. „Ich glaube, ein Igel!"

„Ach so!" Die Stimme des Polizisten klang wieder viel freundlicher und Jonas entspannte sich.

Beide stiegen aus. Tatsächlich sahen sie einen Igel, der etwas wackelig auf den Wald zulief. Er hatte anscheinend nicht bemerkt, in welcher Gefahr er sich befunden hatte.

„Nicht schlecht", sagte Hauptwachtmeister Linner. „Zuerst rettest du das Mädchen und den Hund und jetzt noch einen Igel. Ich hätte den nie gesehen! Bist du im Tierschutzverein oder bei der Jugendfeuerwehr?"

Jonas fühlte, wie die Röte seine Wangen hinaufkroch. „Nein, im Gegenteil! Ich habe ... bin ... eher vorsichtig mit Tieren und gerade erst aus Frankfurt hierhergezogen."

„Na, davon merkt man aber nichts", sagte der Polizist lachend. Nachdem sie sich vergewissert hatten, dass der Igel auch wirklich im Wald blieb, ging es endgültig zurück nach Burgstein. Zuerst lieferten die Polizisten Emil im Tierheim ab. Ulrike, die Tierärztin, stand schon bereit und nahm ihn in Empfang. Dann erreichten sie das Polizeigebäude. Jonas folgte Hauptwacht-meister Linner. Wie mussten sich die Leute fühlen, die in Handschellen hineingeführt wurden? Er kam sich schon so ganz komisch vor. Auf dem Flur der Wache staunte Jonas nicht schlecht, als er Philipp entdeckte. Der kam auch gleich angelaufen. „Was ist passiert? Wo ist Toni?", rief er.

Jonas erfuhr, dass Philipp nach Tonis Nachricht mit Nick und Annalena von den Pfotenfreunden zur Eiche an der Schule gefahren war. Dort hatten sie nur Tonis Fahrrad gefunden. Sie hatten sie überall gesucht und dann die Polizei angerufen. Schnell erzählte Jonas Philipp das Wichtigste über das Abenteuer im Wald.

„Krass!", rief Philipp und streckte Jonas die Hand entgegen. „Coole Aktion, Alter!"

Jonas nahm Philipps Friedensangebot an. „Ja, ziemlich krass!"

„Hmm!", räusperte sich Hauptwachtmeister Linner. „Da kann Toni froh sein, dass sie so gute Freunde hat. Aber jetzt brauche ich dich nochmal für einige Fragen, Jonas."

Philipp winkte, und Jonas folgte dem Hauptwacht-meister in sein Büro. Dort sah es ziemlich langweilig aus, fast so wie im Büro von Jonas' Vater. Er hatte sich eine Polizeiwache völlig anders vorgestellt, aufregender irgendwie.

„Wir müssen noch auf deine Eltern warten", sagte Herr Linner. Doch es dauerte kaum eine Minute, als plötzlich die Tür aufgestoßen wurde. Flora stürmte in den Raum.

131

„Jonas! Mein Junge! Du bist ein Held!", rief sie und wedelte mit den Armen so wild umher, dass ihre vielen Ketten klimperten. Jonas seufzte. Warum musste Flora nur immer so peinlich sein? Aber er freute sich nach der ganzen Aufregung trotzdem, sie zu sehen.

„Frau Winter, nehme ich an", sagte Hauptwachtmeister Linner und grinste. „Guten Abend!"

Flora löcherte den Hauptwachtmeister so lange, bis er sie freundlich aber bestimmt darauf hinwies, dass er Jonas noch ein paar Fragen stellen musste.

23 Im Krankenhaus

Toni drehte sich unruhig im Krankenhausbett hin und her. Sie konnte einfach nicht schlafen. Es waren nicht einmal die Schmerzen, die sie quälten, sondern die Gedanken an Emil, Nori und auch Mistral. Von Mama hatte sie erfahren, dass ihre Katze immer noch verschwunden war und die beiden Hunde ins Tierheim gebracht worden waren. Ulrike hatte Emils Pfote nun doch noch nähen müssen und ihn dort behalten. Durch das wilde Abenteuer war die Wunde aufgebrochen. Hoffentlich entzündete sie sich nicht! Im Wald war ziemlich viel Dreck in die Wunde geraten.

Mannomann! Toni drehte sich wieder auf die andere Seite. Sie hatte Emil nicht in Gefahr bringen wollen! Wäre sie nicht in den Transporter gestiegen, wenn sie gewusst hätte, dass Emil ihr folgen würde? Toni war sich nicht sicher. Die Welpen hatten auch ihre Hilfe gebraucht. Lieber, lieber Emil! Noch einmal drehte sich Toni auf die andere Seite, so gut es mit dem verletzten Bein eben ging. Nachdem sie am Abend im Krankenhaus angekommen waren, hatte Toni jede Menge Untersuchungen über sich ergehen lassen müssen.

Das verletzte Bein war geröntgt worden. Es hatte sich herausgestellt, dass sie sich das Sprunggelenk geprellt hatte. Das Bein musste nur ruhiggestellt werden. Dazu hatte sie eine Schiene bekommen. Eigentlich hätte sie danach nach Hause gehen können. Aber die Ärztin wollte sie mindestens eine Nacht zur Beobachtung im Krankenhaus behalten.

Der Kratzer im Gesicht war nicht tief und juckte nur noch. Wie sollte sie hier schlafen? Die Frau im Nebenbett schnarchte, auf dem Flur hörte sie ständig Schritte und vorhin war draußen ein Rettungswagen mit Martinshorn vorgefahren. Toni seufzte, setzte sich auf, trank einen Schluck Tee, legte sich wieder hin und dachte an Emil und Nori. Was würde mit Nori passieren und mit den anderen Welpen, die noch im Transporter waren? Die Nachtschwester kam herein. „Kannst du nicht schlafen? Hast du Schmerzen?"

„Ja, aber keine starken. Ich muss immer an die Hunde denken."
Die Nachtschwester setzte sich zu Toni. „Magst du erzählen? Das hilft vielleicht. Ich habe gerade ein bisschen Zeit."
Leise, damit die schnarchende Frau nicht aufwachte, berichtete Toni der Nachtschwester, was geschehen war.
„Da hast du aber besonders gute Freunde", sagte die Schwester, als Toni geendet hatte. „Jonas scheint ein sehr mutiger Junge zu sein."
„Ja, er ist gerade erst neben uns eingezogen. Am Anfang dachte ich, dass er ein hochnäsiger, zimperlicher Stadtfuzzi ist. Aber in der Höllentalschlucht habe ich erlebt, wie mutig er ist. Außer bei Hunden!" Jetzt musste Toni grinsen. „Aber das wird bestimmt noch. Mit Nori hat er schon einen Anfang gemacht."
„Du kannst ihm ja dabei helfen", sagte die Nachtschwester.
„So, die Arbeit ruft! Versuch, ein bisschen zu schlafen!"

Irgendwann musste Toni doch eingeschlafen sein. Denn sie wurde durch das Klappern des Essenswagens geweckt, es gab Frühstück. Eine Krankenschwester mit einer karottenroten Igelfrisur strahlte Toni an. „Einen wunderschönen guten Morgen! Ich bin Schwester Rebecca. Na, geht es dir besser?"

Toni richtete sich auf und rieb sich die Augen. „Guten Morgen. Wie spät ist es?"

Mit Schwung stellte die Krankenschwester das Frühstückstablett auf den Nachttisch. „Es ist halb acht. Wir wollten dich nicht wecken, nachdem du so spät eingeschlafen bist."

In Tonis Bauch fing es an zu grummeln. Sie hatte einen Riesenhunger. Kein Wunder, hatte sie doch seit gestern Mittag nichts mehr gegessen. Jemand klopfte.

„Nanu", sagte Schwester Rebecca, „so früh schon Besuch?"

Tatsächlich, es war Jonas, der vorsichtig seinen Kopf zur Tür hereinstreckte.

„Komm schon rein! Bist du der Held, der diese junge Dame aus der Höllentalschlucht gerettet hat?"

Jonas grinste schief und trat näher. „Guten Morgen ... ich muss ...", stotterte er „gleich zur Schule."

„Das geht schon klar", sagte Schwester Rebecca, stellte das Tablett der Nachbarin ab und verließ den Raum.

„Hey, du", sagte Jonas. Er wirkte verlegen.

„Na, du", sagte Toni, grinste und klopfte auf ihr Bett.

Jonas setzte sich zögernd. „Wie geht es dir?"

„Super!", sagte Toni und setzte sich ganz auf. „Bis auf das Bein, Sprunggelenksprellung!"

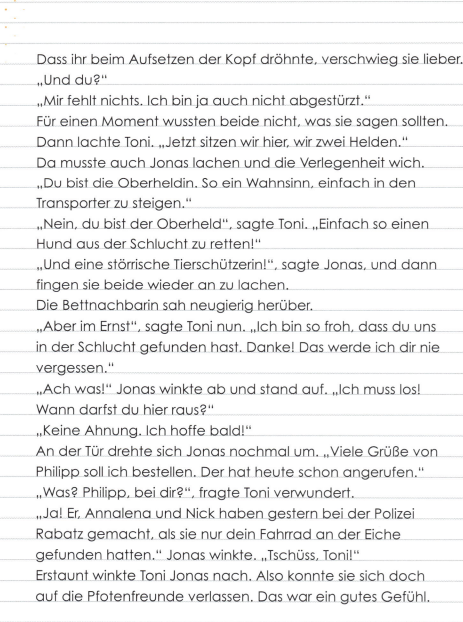

Dass ihr beim Aufsetzen der Kopf dröhnte, verschwieg sie lieber.
„Und du?"
„Mir fehlt nichts. Ich bin ja auch nicht abgestürzt."
Für einen Moment wussten beide nicht, was sie sagen sollten.
Dann lachte Toni. „Jetzt sitzen wir hier, wir zwei Helden."
Da musste auch Jonas lachen und die Verlegenheit wich.
„Du bist die Oberheldin. So ein Wahnsinn, einfach in den
Transporter zu steigen."
„Nein, du bist der Oberheld", sagte Toni. „Einfach so einen
Hund aus der Schlucht zu retten!"
„Und eine störrische Tierschützerin!", sagte Jonas, und dann
fingen sie beide wieder an zu lachen.
Die Bettnachbarin sah neugierig herüber.
„Aber im Ernst", sagte Toni nun. „Ich bin so froh, dass du uns
in der Schlucht gefunden hast. Danke! Das werde ich dir nie
vergessen."
„Ach was!" Jonas winkte ab und stand auf. „Ich muss los!
Wann darfst du hier raus?"
„Keine Ahnung. Ich hoffe bald!"
An der Tür drehte sich Jonas nochmal um. „Viele Grüße von
Philipp soll ich bestellen. Der hat heute schon angerufen."
„Was? Philipp, bei dir?", fragte Toni verwundert.
„Ja! Er, Annalena und Nick haben gestern bei der Polizei
Rabatz gemacht, als sie nur dein Fahrrad an der Eiche
gefunden hatten." Jonas winkte. „Tschüss, Toni!"
Erstaunt winkte Toni Jonas nach. Also konnte sie sich doch
auf die Pfotenfreunde verlassen. Das war ein gutes Gefühl.

Kaum hatte Toni den letzten Bissen hinuntergeschluckt, kamen schon die nächsten Besucher: Mama mit zwei Polizisten.

„Ah, da ist ja unsere Tierschützerin. Guten Morgen", sagte der Polizist mit den halblangen Locken, Hauptwachtmeister Linner, der schon im Wald das Kommando übernommen hatte.

„Hallo", sagte Toni zaghaft.

Mama bot den Polizisten die Besucherstühle an, setzte sich zu Toni auf die Bettkante und legte ihren Arm um sie.

Tonis Herz begann, schneller zu schlagen. Würde sie jetzt erfahren, was mit den Welpen war und wie es mit Nori weitergehen würde?

Zuerst wollten die Polizisten wissen, was mit Tonis Bein war, und wie es ihr ging. Dann musste sie ganz genau erzählen, was am Vortag passiert war. Der andere Polizist schrieb alles auf.

„Warum hast du nicht gleich bei uns angerufen, als du die Hunde entdeckt hattest?", fragte der Hauptwachtmeister.

Toni hob die Schultern. „Das ging alles so schnell. Die Männer kamen zurück, und ich wusste nicht, was ich tun sollte. Ich konnte die Welpen doch nicht in dem Auto lassen. Tja, und dann war der Akku von meinem Handy leer."

Hauptwachtmeister Linner lachte. „Typisch! Darüber klagt meine Schwester auch. Immer wenn sie ihre Jungs anrufen will, ist deren Handy-Akku leer."

Dann wurde er wieder ernst und sah Toni durchdringend an. „Ist dir bewusst, dass es falsch war, den Welpen aus dem Transporter mitzunehmen?"

Toni zog den Kopf ein. „Ich hatte ihn schon auf dem Arm und konnte ihn doch nicht einfach so dalassen."

„Genau genommen ist das Diebstahl", sagte der Polizist.

Toni erschrak. Würde sie jetzt auch noch bestraft werden?

„Die Männer könnten Strafantrag stellen. Aber ich glaube, sie werden sich hüten, die haben andere Probleme", sagte Herr Linner beruhigend. „Außerdem bist du noch nicht strafmündig. Aber in Zukunft Hände weg von solchen Aktionen! Das ist unser Job!"

„Versprochen", sagte Toni zerknirscht. Sie atmete erleichtert auf. Da der Polizist jetzt wieder freundlich grinste, traute sich Toni zu fragen, was sie schon die ganze Zeit umtrieb: „Haben sie den Transporter mit den Welpen gefunden?"

„Ja, unsere Fahndung war erfolgreich. Der Mann wurde in der Nähe von Passau gestoppt", antwortete Herr Linner. „Unsere Kollegen vor Ort konnten die Welpen in zwei Tierheimen in der Gegend unterbringen."

Toni war beruhigt. „Werden die Männer jetzt eingesperrt?"

„Das nicht. Sie hatten Papiere für die Hunde, durften sie legal einführen. Wir haben sie nach der Befragung wieder freigelassen."

„Was!" Toni war entsetzt.

Mama strich ihr beruhigend über den Kopf.

Doch Toni konnte sich nicht abregen. „Haben ihre Kollegen nicht gesehen, wie schlecht es den Welpen ging und dass sie viel zu jung für einen solchen Transport waren?"

„Doch, natürlich", sagte Hauptwachtmeister Linner. „Wegen der Transportbedingungen wird gegen die Männer auch ein Verfahren eröffnet. Aber das entscheiden nicht wir."

„Na, hoffentlich bekommen sie wenigstens eine saftige Strafe, damit ihnen die Lust am Welpenhandel vergeht", schimpfte Toni. „Und was wird aus Nori?"

„Nori?"

„So habe ich den kleinen Terrier genannt, den ich auf der Flucht bei mir hatte."

„Ach so. Das kann ich dir nicht sagen. Vorerst wird er im Tierheim in Quarantäne bleiben. Am besten fragst du dort nach."

Mit einer eindringlichen Mahnung, solche Detektivspiele in Zukunft der Polizei zu überlassen, verabschiedeten sich die Polizisten. Mama ging auch gleich mit. Sie hatte jede Menge Arbeit auf dem Hof.

Diebstahl! Toni konnte es nicht glauben. Sie hatte Nori doch nur retten wollen. Lange saß sie regungslos in ihrem Bett und dachte darüber nach. Auch dass die Männer freigelassen worden waren, fand sie sehr ungerecht. *Alle Hunde auf der Welt sollten es so gut haben wie Emil,* dachte sie. *Alle sollten jemanden haben, der sie lieb hatte.*

Sie sehnte sich danach, Emil endlich wiederzusehen.

Darauf musste sie aber noch eine ganze Weile warten. Die Ärztin kam wegen mehrerer Notfälle erst nach Mittag. Sie war zufrieden mit Toni und entließ sie aus dem Krankenhaus.

Schwester Rebecca rief Mama an und brachte Toni ein Paar Krücken.

„Servus, meine Heldin! Pass gut auf dich auf", sagte sie zum Abschied.

Was passiert eigentlich mit Tieren, die ein Tierheim **nicht vermitteln** kann? Manche dieser Tiere finden ein Zuhause auf einem Gnadenhof. Andere bleiben für immer im Tierheim. Für sie sind Paten besonders wichtig. Paten können die Tiere finanziell unterstützen und / oder bei ihrer Pflege mithelfen. Nur unheilbar kranke Tiere werden im Tierheim eingeschläfert, um sie von ihrem Leiden zu erlösen.

Mama und Jo kamen ins Krankenzimmer, und hinter ihnen tauchte Jonas auf.

„Dein Retter wollte unbedingt auch mit", neckte Jo.

Jonas wurde rot und stieß Tonis Bruder mit dem Ellbogen an. Doch der lachte nur verschmitzt. Als sie dann endlich im Auto saßen, sagte Toni: „Jetzt holen wir Emil ab!"

Jo protestierte nur schwach. Er kannte seine Schwester. „Aber mach nicht so lange!"

Am Tierheim humpelte Toni auf Krücken zielsicher auf das Hundehaus zu. Jonas blieb an der Tür stehen.

„Komm schon", sagte Toni. „Alle Türen sind zu. Da läuft kein Hund frei herum."

Zögernd folgte ihr Jonas, bis sie zu Emil kamen. An der Tür standen Ulrike, die Tierärztin und Brigitte.

„Juhu! Unsere Welpenretterin!", riefen sie von Weitem. Hinter der Tür bellte Emil und kratzte an der Tür.

„Hallo! Bin ich froh, wieder da zu sein", rief Toni strahlend. „Kann ich Emil mitnehmen?"

„Ja, alles okay mit ihm", sagte Ulrike, lachte und schloss die Tür auf. „Die Wunde ist genäht. Er sollte die nächsten Tage aber im Haus bleiben."

„Emil! Mein Emil!" Emil stürzte heraus und hätte Toni vor Wiedersehensfreude beinahe umgeworfen. So sicher stand

sie mit Krücken nicht. Dann schnüffelte Emil an Tonis Schiene.
Toni musste lachen, denn Emils Pfote war auch mit einem
dicken, weißen Verband eingebunden.
„Jetzt passen wir gut zusammen, wir beiden Hinkefüße", rief sie.
„Wo ist Nori? Wie geht es ihm, Ulrike?"
„Schon viel besser. Er frisst gut und wird immer lebhafter. Als
ausländischer Hund muss er aber noch einige Wochen in
Quarantäne bleiben."
Toni erschrak. „Was! So lange? Der Arme!"
Nori kam neugierig an die Glastür, als Toni bei ihm ankam.
„Ich komme dich jeden Tag besuchen", sagte sie und klopfte
leicht an das Glas. Hinknien konnte sie sich wegen der Schiene
nicht.
Jo drängte zum Aufbruch, er hatte noch viel Arbeit. Wo war
Jonas abgeblieben? Toni entdeckte ihn hinter Brigitte versteckt.
Ob er irgendwann seine Angst ganz verlieren würde?
Toni nahm Emil am Halsband nah zu sich.

24 Mistral

Jonas wurde vom Klopfen seiner Mutter geweckt. Er hatte wie ein Stein geschlafen. Die Aufregung der letzten Tage steckte ihm noch in den Knochen. Er rieb sich den Schlaf aus den Augen und reckte sich. „Aua!" Die Prellungen, die er sich in der Schlucht zugezogen hatte, meldeten sich zu Wort. Außerdem hatte er einen gigantischen Muskelkater. Gähnend öffnete er einen Flügel des Sprossenfensters und lehnte sich hinaus. Es würde ein schöner Tag werden. Über dem Wald ging gerade die Sonne auf, und die Vögel zwitscherten schon um die Wette. Jonas' Blick schweifte über die Obstwiesen zum Stall der Riedmüllers. Dort brannte schon Licht.

Auf einmal bekam Jonas riesige Lust, draußen herumzulaufen. Komisch, in Frankfurt wollte er nie aus den Federn. Jonas zog sich nur schnell seine Jacke über den Schlafanzug und lief aus dem Haus. Brrr! Es war schweinekalt. Drüben am Hof hörte Jonas einen Hahn krähen und ließ sich dorthin treiben. Jede Menge Hennen scharrten bereits im taufeuchten Boden und pickten nach Körnern und Würmern.

Die Hühner schienen nicht zu frieren. Aber Jonas zog die Jacke enger um sich, atmete noch einmal tief die frische Morgenluft ein und ging zurück. Als er an der Hausrückseite angelangt war, hörte er auf einmal ein leises Maunzen. War das etwa Mistral? War sie wieder zu Hause? Er blickte sich um. Kein schwarzes Fell in der Nähe. Komisch. Wieder das leise Katzengeräusch.

Stadt oder Land

Das Leben auf dem Land unterscheidet sich stark vom Stadtleben. Viele Menschen fühlen sich dort wohl, wo sie aufgewachsen sind. Andere suchen das Gegenteil, wenn sie erwachsen werden.

Wo wohnst du?

_____

_____

Was gefällt dir dort? Was vermisst du, das es im jeweils anderen Leben geben würde?

_____

_____

_____

_____

_____

_____

_____

Katzen sind generell freiheitsliebende Tiere. Man unterscheidet:
- Hauskatzen:
  werden nur in der Wohnung gehalten
- Freigänger:
  leben in der Wohnung und sind in der Umgebung unterwegs
- verwilderte Katzen:
  entlaufene oder aus-gesetzte Katzen und deren Katzenkinder
- europäische Wildkatzen:
  sind keine Hauskatzen; gibt es kaum noch

Fällt dir eine verwilderte Katze auf, sei vorsichtig. Sie könnte aus Angst kratzen oder beißen. Am besten rufst du ein Tierheim in deiner Nähe an.

Es schien irgendwie von unten zu kommen, aus Bodennähe. Jonas sah sich genauer um und entdeckte einen Kellerschacht. Die Metallstäbe der Abdeckung waren massiv, aber einer fehlte. Jonas beugte sich hinunter. In einen Laubhaufen gekauert lag Tonis Katze Mistral und maunzte kläglich.

„Mistral! Wie bist du da nur hineingeraten?"
Die Katze drückte sich noch mehr in die Ecke. Wahrscheinlich hatte sie Angst vor ihm. Trotzdem sprach Jonas weiter beruhigend auf sie ein und versuchte, das Gitter hochzuheben. Ganz schön schwer! Aber dann konnte Jonas es über die Kante heben und wegziehen. Nur, wie er Mistral herausholen sollte, das wusste er nicht. Musste er auch nicht, denn Mistral sprang mit einem Satz aus dem Kellerschacht. Und das, obwohl sie mindestens seit gestern Morgen nichts mehr gefressen hatte. Jonas konnte es kaum glauben.
Wie der Blitz war Mistral zum Hof gelaufen und rieb sich jetzt an der Haustür. Ohne anzuklopfen, betrat Jonas den Bauernhof. Das war auch so ein Land-Ding. Die Haustür war tagsüber nie abgeschlossen und jeder ging einfach hinein. „Wir haben doch Emil", hatte Toni gesagt, als er sich darüber gewundert hatte.
„Toni! Mistral ist wieder da!", rief Jonas in den Flur hinein. Dann hörte er ein Poltern und Toni erschien auf ihren Krücken in der Küchentür.
„Mistral! Da bist du ja endlich, du Streunerin. Wo warst du denn so lange?"

Vergeblich versuchte sie, sich zu Mistral hinunterzubeugen, die um ihre Beine strich.

„Ich habe sie in unserem Kellerschacht gefunden", sagte Jonas.

„Was? Echt? Wie ist sie denn da hineingekommen?"

„Ein Gitterstab fehlt. Aber sie konnte dann nicht mehr heraus."

„Oh, nein! Du Arme! Du hast bestimmt riesigen Hunger."
Toni humpelte zurück in die Küche und setzte sich auf die Eckbank. Sofort sprang Mistral auf ihren Schoß. Liebevoll strich ihr Toni über das Fell und zupfte Laub heraus.

„Ich bin so froh, dass du nicht den Katzenfängern in die Hände geraten bist. Jonas, kannst du mal die Futterschale aus dem Flur holen, bitte?"

„Wo ist eigentlich Emil?", fragte Jonas, als er mit der Schale zurückkam. Den hatte er in der Aufregung ganz vergessen.

„Der schläft in der Stube", sagte Toni und sah Jonas nachdenklich an. „Jetzt hast du auch noch meine Katze gerettet. Wer weiß, wie lange sie in dem Schacht noch überlebt hätte? Danke! Danke! Danke!"

„Kein Ding", sagte Jonas verlegen und wandte sich zum Gehen. „Ich geh dann mal zum Frühstück."

„Okay, bis gleich! Cooles Outfit übrigens", sagte sie lachend und zeigte auf Jonas karierte Schlafanzughose.

Jonas sah zu, dass er wegkam.

Vermisst!

Deine Katze ist verschwunden?

Das kannst du tun:

- Häufig sind verschwundene Katzen in Kellern, Garagen, Schuppen etc. eingeschlossen. Suche zuerst mehrmals über den Tag verteilt die nähere Umgebung ab.
- Wichtig: Diese Suche sollten vertraute Personen vornehmen. Auf Fremde reagieren Katzen in Not meistens nicht. Katzen melden sich oft erst nach bis zu drei Tagen, wenn sie merken, dass sie sich allein nicht mehr befreien können.
- Mache Aushänge und rufe im Tierheim an. Immer wieder werden Freigängerkatzen dort abgegeben.
- Bei TASSO e. V. kannst du deine Katze als vermisst melden. Ist deine Katze gechippt oder tätowiert, hat ihre Rückvermittlung eine deutlich größere Chance.

Vermisst!

Name: Minka

Aussehen: grau getigert

Verhalten: zutraulich, Fremden gegenüber etwas vorsichtiger

Bei Hinweisen bitte melden unter: 1234 / 56789

Ist deine Katze wieder aufgetaucht und frisst nicht, muss sie unbedingt schnell zum Tierarzt. Es kann sein, dass sie Probleme mit der Leber hat und nicht mehr fressen kann!

Toni hätte ein paar Tage zu Hause bleiben können. Aber sie wollte nicht zu viel Stoff versäumen, vor allem nicht in Mathe bei Dr. Grünstein.

In der Klasse wurde Toni mit großem Hallo begrüßt. Schnell hatten sich alle Mitschüler um sie versammelt und wollten ganz genau ihre Version der Geschichte hören. Aber auch Jonas bekam noch einmal das eine oder andere Schulterklopfen ab. Am Tag vorher hatte er bestimmt tausend Mal ihr Abenteuer erzählen müssen.

„Lasst sie sich doch wenigstens hinsetzen", sagte Jonas laut, nachdem er ihre Schultasche abgestellt hatte.

Kaum hatte sich Toni gesetzt und ihre Krücken verstaut, ging der Fragenhagel weiter. Immer wieder hörte Jonas das Wort Heldin. Er fing Tonis Blick auf. Sie grinste. „Stopp!", rief sie. „Wenn hier einer ein Held ist, dann Jonas! Ohne ihn wäre ich nie im Leben aus der Höllentalschlucht herausgekommen. Und Nori hat er auch gerettet, obwohl er … na, es mit Hunden nicht so hat."

Jonas fühlte, dass er rot wurde und winkte ab. „Ich konnte euch doch nicht dort lassen", sagte er. Doch die bewundernden Blicke seiner neuen Mitschüler genoss er doch ein wenig.

Auf einmal schallte eine dröhnende Stimme durch den Raum. Dr. Grünstein, alias das Sakko, stand am Pult. „Ruhe! Hinsetzen, die Herrschaften!"

Wieso Dr. Grünstein? Es stand doch Biologie auf dem Stundenplan. Murrend verzogen sich die Schüler auf ihre Plätze. Jonas hörte noch, wie Alina zu Toni sagte: „Oh Mann! Und ich habe

wieder mal nichts mitbekommen! Vielleicht sollte ich ein paar Hobbys streichen?"

Toni lachte. „Sag ich doch schon lange! Die spannenden Abenteuer spielen sich nicht im Ballett ab."

„Ruhe gilt auch für unsere Heldin!", rief das Sakko und klopfte auf das Pult. Dann wandte er sich zur Tafel. „So, dann wollen wir mal. Frau Caspar ist krank, Vertretungsstunde."

Er klappte die Tafel auf und stemmte die Hände in die Hüften. „Wer war das?"

Jemand hatte in die Mitte der Tafel einen Zeitungsartikel geklebt. Jonas sah zu Philipp. Ihm würde es ähnlich sehen, nach der Aktion mit dem Herz. Und prompt lief Philipps Gesicht leicht rot an. Alle sprachen wieder wild durcheinander, wollten den Zeitungsartikel sehen.

Jetzt nahm Dr. Grünstein die Zeitung von der Tafel und bat noch einmal um Ruhe.

„Ich sehe schon, an Unterricht ist im Moment nicht zu denken", sagte er. Aber dann legte er die Zeitung auf Philipps Bank und lachte. „Du hast den Artikel mitgebracht, dann lies ihn vor. Ich gebe es zu! Ein kleines bisschen würde mich ja auch interessieren, was ihr da vorgestern angestellt habt."

Philipps Gesicht nahm die Farbe reifer Tomaten an. Er räusperte sich. Es war mucksmäuschenstill im Klassenzimmer.

LOKALNACHRICHTEN

Tierretter in der Höllentalschlucht

Burgstein. Katastrophale Transportbedingungen in einem Lieferwagen, überfüllt mit Hundewelpen aus Polen, deckten zwei zwölfjährige Schüler aus Burgstein auf. Zunächst vermuteten Toni R. und Jonas W. in dem verdächtigen Transporter verschleppte Katzen. Doch Tierschützerin Toni R. fand ca. 50 Hundewelpen, die ohne Wasser und Futter, eingezwängt in enge Boxen, qualvoll aus Polen importiert worden waren. Als die vermeintlichen Tierhändler auftauchten, stieg sie kurzentschlossen in den Transporter. Während einer aufregenden Verfolgungsjagd stürzte Toni R. mit einem befreiten Welpen in die Höllentalschlucht. Dabei zog sie sich eine Sprunggelenksverletzung zu. Trotz einsetzender Dunkelheit gelang es Jonas W., das Mädchen und den Welpen aus der Schlucht zu retten. Währenddessen hielt der Hund des Mädchens die Tierhändler in Schach.

Den Tierhändlern drohen wegen der schlechten Transportbedingungen Geldstrafen. Die beiden Tierretter wurden von Freunden und im Tierheim gefeiert. Hauptwachtmeister Linner lobte den Einsatz der beiden, warnte aber: „Bringt euch nicht selbst in Gefahr, wenn ihr Tiere retten wollt! Lieber die 110 wählen! Wir helfen gern!"

„So, nun aber genug der Heldentaten!", sagte das Sakko.
Dann schrieb er an die Tafel: Es gibt über 200 Blumenwiese-Typen. Eine Blumenwiese besteht aus mindestens 30 verschiedenen Blumenarten.
„Wir haben Bio, nicht Mathe!", rief Jonas.
Dr. Grünstein warf ihm ein Papiertütchen zu. „Na, dann raus mit euch. Frau Caspar möchte, dass ihr am Insektenhotel Blumen sät."
An dem komischen Häuschen aus lauter Bambusröhrchen und durchlöchertem Holz versammelte Dr. Grünstein die Klasse.
„Was ist das?", fragte Jonas Toni leise, um sich nicht eine Blöße zu geben.

„Ein Insektenhotel! Da nisten und überwintern Bienen, Hummeln und Wildbienen …"

„So, Jonas", unterbrach sie das Sakko, „als Tierschützer kannst du gleich mal starten." Er drückte Jonas eine Harke in die Hand. Doch Jonas verstand nicht.

„Boden lockern, Samen drauf, andrücken, gießen, warten! So lautet die Formel", sagte das Sakko grinsend.

Ah! Langsam ging Jonas ein Licht auf. Die Blüten würden die Insekten anlocken und im Hotel konnten sie nisten. Er begann, den Boden zu harken und staunte darüber, dass er schon wieder Tiere rettete. Es kam ihm vor, als wäre er in einem riesigen Zoo gelandet. Kurz vor dem Gong kehrte das Sakko doch noch den strengen Lehrer heraus und stellte seinen Schülern eine Hausaufgabe: „Auf einem Quadratzentimeter Fell hat ein Hund 4 Flöhe. Wie viel Prozent seiner Oberfläche sind von Flöhen besetzt, wenn ein Floh eine Grundfläche von einem halben Millimeter hat?"

„Meinen Sie das jetzt ernst?", fragte Alina. „Das geht doch gar nicht. Außerdem ist das schon wieder Mathe und nicht Bio!"

Dr. Grünstein grinste. „Naturwissenschaft ist Naturwissenschaft. Fragt doch Toni, wie das bei ihrem Emil ist."

Hundekekse für den Tierretter

Mittags wich Philipp Jonas und Toni nicht von der Seite, als sie das Schulgebäude verließen. Er räusperte sich ein paar Mal.

„Ähm, Jonas, kannst du mir vielleicht mal ein paar Skateboard-tricks zeigen?"

„Klar! Hast du ein Board?"

„Logo!"

„Morgen nach der Schule", sagte Jonas schnell, denn Tonis Bruder Jo stand mit seinem Wagen an der Straße. Als sie auf der Heimfahrt am Tierheim vorbeikamen, rutschte Toni nervös auf dem Sitz herum.

„Halt!", rief sie dann. „Ich muss unbedingt nach Nori sehen!"

Jo stöhnte. „Nicht schon wieder. Hoffentlich bist du deine Schiene bald wieder los. Ich kann nicht jeden Tag Stunden im Tierheim vertrödeln."

„Bitte, Jo! Nur noch einmal!"

Tonis Bruder stöhnte erneut, hielt jedoch an. „Aber beeilt euch!"

151

Jonas folgte Toni. Einmal hatte er es schon geschafft, ins Hundehaus zu gehen. Aber es waren schon verdammt viele Hunde hier. Manche sahen die Besucher nur neugierig an. Aber die meisten kamen an die Türen gerannt und bellten. Hoffentlich waren alle Türen richtig verschlossen. An der Glastür, die zu Noris Unterkunft führte, trafen Toni und Jonas auf Ulrike, die Tierärztin. Sie hatte ihm gerade Futter gebracht.

„Oh, hallo ihr beiden", begrüßte sie Toni und Jonas. „Schön, euch zu sehen. Was macht das Bein?"

„Ganz okay", sagte Toni. „Blöd ist nur, dass ich nicht Rad fahren kann. Wie geht es Nori?"

„Sieh dir an, wie er herumspringt!"

Tatsächlich tappte der Welpe vor der Tür hin und her, kratzte immer wieder am Glas und schnüffelte daran.

„Sein Blut ist in Ordnung, keine ansteckenden Krankheiten. Er frisst gut und wird schon bald nicht mehr so knochig sein", erklärte Ulrike.

Jetzt fing Nori an zu winseln, und Toni beugte sich, so weit es ging, zu ihm. „Hallo, Nori! Friss ordentlich, dann darfst du bald raus aus der Quarantäne." Als hätte er sie verstanden, wandte sich Nori wieder seinem Fressnapf zu.

„Was passiert jetzt eigentlich mit ihm und den anderen Welpen? Die Männer bekommen sie doch nicht zurück, oder?", fragte Toni besorgt.

„Ich denke nicht", sagte Ulrike. „Dazu haben sie die Tiere zu schlecht behandelt. Vorerst bleiben sie in den Tierheimen, auf die sie verteilt wurden. Was dann geschieht, muss das Gericht entscheiden."

Tonis Augen waren fest auf Nori gerichtet. „Ich wünsche mir so, dass er zu uns kommt. Irgendwie gehört er doch schon dazu." Ulrike lachte. „Das kann ich mir vorstellen, nach allem, was ihr gemeinsam erlebt habt."

Jetzt drehte sich Toni zu Jonas, der bisher überhaupt nichts gesagt hatte. „Oder du nimmst ihn zu dir, Jonas. Nori hat genau die richtige Größe für einen Hundeanfänger", sagte sie verschmitzt.

Jonas hatte Nori die ganze Zeit beobachtet. Er war wirklich winzig und niedlich. Durch die Glasscheibe hatte der Welpe Jonas tief in die Augen geblickt, so kam es ihm vor. Vielleicht würde er es mal versuchen.

Jonas kam um eine Antwort herum, weil nun Jo auftauchte und zum Aufbruch drängte.

Toni hatte am Nachmittag bei Jonas angerufen. „Mir ist so langweilig", hatte sie gejammert. Jetzt saßen sie in der gemütlichen Küche des Bauernhofs und machten Hausaufgaben.

Die Aufgabe vom Sakko sahen sie als Spaß an. Sie war einfach zu verrückt. Emil musste wegen seiner verletzten Pfote den Hundekorb hüten und lag in der Stube. Doch auch ihm war es anscheinend langweilig, denn in der letzten Viertelstunde hörte er nicht auf, abwechselnd zu bellen und zu winseln.

„Kann er in die Küche?", fragte Toni und sah Jonas eindringlich an.
„Hmm?"
„Komm schon! Ich sag ihm, dass er in seinem Korb bleiben muss, okay?"
Jonas schluckte. „Na gut", sagte er. Immerhin war er schon zusammen mit Emil in einem Auto gewesen und hatte neben ihm im Wald gelegen. *Notfalls würde er die Füße auf die Eckbank legen,* beschloss er.
Toni ließ Emil in die Küche, Jonas musste den Korb tragen. Mistral schlüpfte mit durch die Tür und strich um Emil herum. Anscheinend war der Hund auch erschöpft von ihrem Abenteuer, denn er legte sich gleich in seinen Korb. Zwischen seinen Vorderpfoten machte es sich Mistral bequem. Beide schliefen schnell ein.
Jonas entspannte sich und ging auf Tonis Vorschlag ein, nach den Hausaufgaben Hundekekse für Emil zu backen. Sie wollte ihn belohnen, weil er die Männer so tapfer bewacht hatte.
„Und welche Belohnung bekomme ich?", fragte Jonas grinsend.
„Du kannst ja auch einen Keks haben!" Toni lachte.
Als sie später die Teigzutaten verrührten, klingelte Jonas' Handy. Es war Sami aus Frankfurt.
„Hi, Alter! Was geht in der Pampa?", fragte er.
„Hi, Sami! Ach weißt du, ich war in einer Schlucht klettern, ohne Sicherung", antwortete Jonas.
„Nee, oder?"
„Doch, doch, aber jetzt muss ich Hundekekse backen. Ich ruf dich heute Abend zurück. Tschüss!", sagte Jonas und legte auf.

Hundekekse: Käse-Cracker

Hundekekse kannst du ganz leicht selbst backen.
Dann weißt du auch ganz genau, dass sie gesund sind.

- Alle Zutaten gut verrühren.
- 20 Minuten durchziehen lassen.
- Wenn der Teig zu fest ist, noch etwas Wasser dazugeben.
- Kleine Kugeln formen und etwas flach drücken.
- Bei 180 °C ca. 20 Minuten backen.

Wenn dein Hund die Cracker noch knuspriger mag, kannst du sie anschließend noch bei 50 °C im Backofen trocknen lassen.

Wichtig:
Gib deinem Hund nur kleine Portionen Hundekekse zur Belohnung. Auch ein gemeinsamer Spaziergang ist Belohnung!

100 g GERIEBENER KÄSE
100 g HÜTTENKÄSE
1 EI
100 g MEHL
100 g MAISMEHL
1 EL HOCHWERTIGES ÖL
2 EL WASSER

Bald zog der Duft nach Keksen durch die Küche und im Hundekorb schnarchte Emil. Jonas sah zu ihm hinüber.
„Vielleicht gewöhne ich mich ja doch noch an ihn", sagte er.
„Bestimmt!", meinte Toni und reichte Jonas einen Hundekeks.
Er biss ab und murmelte kauend: „Immerhin teilen wir uns jetzt schon das Essen."
„Bald wächst dir ein Fell", sagte Toni lachend. „Aber mal im Ernst. Kommst du nächste Woche wieder mit zu den Pfotenfreunden?"
„Mal sehen", sagte Jonas zögernd.

„Klar kommst du mit! Hunde, Katzen, Insekten und eine sture Eselin hast du schon gerettet. Hey, Mühltals bester Tierretter muss einfach Mitglied bei den Pfotenfreunden werden!"
Jonas wand sich verlegen, freute sich insgeheim aber doch. Und dabei wusste Toni noch nicht einmal von dem Igel. Er konnte selbst kaum glauben, wie sehr sich sein Leben verändert hatte, seit er nach Mühltal gezogen war. Frankfurt befand sich auf einmal in einer anderen Galaxie.
„Was macht ihr beim nächsten Treffen?", lenkte er ab.
„Demnächst ist Ostermarkt in Burgstein. Wir organisieren einen Info-Stand über Tierversuche für Kosmetik."

Jonas war erstaunt. Er hatte sich vorgestellt, dass die Pfotenfreunde hauptsächlich mit den Tieren zusammen wären. In seinem Korb schüttelte sich Emil und bellte auf. Wahrscheinlich hatte ihn der Keksduft geweckt.
„Vorhin hat Ulrike angerufen", sagte Toni auf einmal. „Nori wird ab morgen mit der Hundetrainerin arbeiten. Ulrike meint, du könntest dabei sein, damit du mehr Vertrauen zu Hunden gewinnst."
Jonas dachte an das Tierknäuel, das er aus der Schlucht gerettet hatte. Er wusste nicht genau, wie er das Gefühl nennen sollte, das sich in ihm regte. Aber auf einmal spürte er, dass er Nori kennenlernen wollte.

Tierschutz fängt im Kleinen an!

Wenn es um Tierschutz geht, gibt es oft viele gegensätzliche Meinungen.
Informiere dich im Tierheim, bei Tierschutzvereinen, bei Menschen in deiner
Umgebung, die gut mit Tieren umgehen.
Diskutiere Tierschutzthemen mit deiner Familie, deinen Freunden,
in der Klasse oder im Verein.

Und dann bilde dir eine eigene Meinung.

Tierschutz beginnt im Kleinen. Geh den ersten Schritt!

Alles, was das Leben eines Tieres verbessert, ist gut!
Halte Augen, Ohren und dein Herz offen für Tiere.

Damit helfe ich schon Tieren:

_____

_____

_____

_____

Das kann ich noch für Tiere tun:

_____

_____

_____

_____

Testergebnisse zu Seite 68:
Bist du reif für ein Haustier?

Meine Punktzahl: _____

60 – 100 Punkte

Es ist schön, dass du dich für Tiere interessierst. Dir ist noch nicht ganz klar, was alles dazugehört, wenn man ein Haustier aufnimmt. Nimm dir Zeit, Tiere bei Freunden oder im Tierheim kennenzulernen. Dann weißt du bestimmt bald, ob/welches Tier zu dir passt.

110 – 140 Punkte

Toll! Du weißt schon einiges über Tiere. Ein eigenes Haustier könnte auf Dauer bei dir bleiben. Wenn du regelmäßig ein Tier im Tierheim oder in der Nachbarschaft betreust, kannst du noch mehr Sicherheit im Umgang mit deinem Lieblingstier und für deine Entscheidung gewinnen.

Super! Bei dir würde sich ein Haustier sehr wohlfühlen. Du bist bereit, Zeit, Geduld und Liebe zu schenken. Über dein Lieblingstier weißt du schon gut Bescheid und du wirst mit ihm zusammen bestimmt bald zum Experten.

Lösungen

Seite 38: C	Seite 107: C
Seite 80: A + C	Seite 125: B
Seite 95: A	

Quiz

Autorin

Lisa Echcharif arbeitet in einer Einrichtung für Menschen mit Behinderung und leitet kreative Schreibworkshops.

Sie sammelt schon seit langem zauberhafte Wörter in einer Schatzkiste, aus denen sie ihre Geschichten spinnt.

Als Kind hatte die Autorin wie Jonas Angst vor Hunden und wünschte, sie wäre damals Toni begegnet.

In „Rettung für Nori" gibt es eine spannende Geschichte, Infos und viele Mitmach-Seiten für alle Tierfreunde, Tierschützer und die, die es noch werden wollen.

Illustratorin

Daniela Heirich zeichnet, seitdem sie weiß, was Stifte und Farben sind. Seit Abschluss ihrer Ausbildung im Jahr 2004 arbeitet sie als Mediengestalterin und Illustratorin in Kempen.

Sie lebt mit ihrer Tochter, ihrem Mann und mehreren Tieren in Oberhausen.

Lesen – Wissen – Erleben

mit dem BVK Buch Verlag Kempen

Das Thema Umweltschutz ist immer wieder in aller Munde. Mit dem Respekt vor der Natur, unserer Umwelt, den Lebewesen, muss angefangen werden, um eine nachhaltige Wirkung zu erzielen und unseren Planeten nicht untergehen zu lassen. Ausgehend von den Lebensbedingungen, den Erfahrungen der Kinder, werden umweltrelevante Themen in kindgemäßer Form dargestellt. Dabei geht es immer um das (Nach-) Erleben, um die Emotionen und um das Vermitteln von Wissen, der sachlichen Beschäftigung mit einem Thema. So werden Kinder zu Schützern unserer Erde.

Hardcover ab 10 J., 64 S., **Best.-Nr.: SB10**
ISBN 978-3-86740-213-2

Tiere bezeichnen wir als unsere Mitgeschöpfe. Doch in Wirklichkeit gehen wir Menschen häufig nicht sehr rücksichtsvoll und respektvoll mit den Tieren um. Im Gegenteil! So werden Tiere oft ausgebeutet und getötet. Das Recht der Tiere auf ein artgerechtes Leben wird missachtet. Nicht zuletzt leben auch unsere Haustiere oft in großem Elend.
In diesem Buch wird den Lesern unsere Verantwortung für die Tiere deutlich gemacht und sie dazu motiviert, sich aktiv für den Tierschutz einzusetzen.

Hardcover ab 10 J., 64 S., **Best.-Nr.: SB15**
ISBN 978-3-86740-345-0

LIMBU –
das Lese-Info-Mitmachbuch

Nadir, ein arabisches Vollblut, leidet, weil es nicht so leben kann, wie Pferde leben möchten und wie es ihrer Art entspricht. Eines Tages verändert sich alles. Ein vollkommen neues Leben beginnt. Ein Leben, in dem Nadir gemeinsam mit einer Clique von Teenies viele neue Abenteuer erlebt. Zum ersten Mal wird das Pferd verstanden, geht man auf seine Bedürfnisse ein. Und in seinem neuen Leben geht es spannend zu. Vor allem dann, wenn es wieder einen großen Ausritt im Gelände gibt.

Hardcover ab 10 J., 164 S., **Best.-Nr.: LI89**
ISBN 978-3-86740-619-2

Als Primaballerina auf einer großen Bühne stehen – davon träumt Emma schon, seit sie denken kann. In ihrer neuen Ballettschule bekommt sie die Möglichkeit, ihrem Traum ein Stück näherzukommen. Wenn da nur nicht die Probleme in der Schule wären …
Zum Glück ist ihr bester Freund Cons immer sofort zur Stelle. Auch er wünscht sich nichts sehnlicher, als zu tanzen. Doch sein Vater ist dagegen.

Hardcover ab 10 J., 164 S., **Best.-Nr.: LI108**
ISBN 978-3-86740-793-9

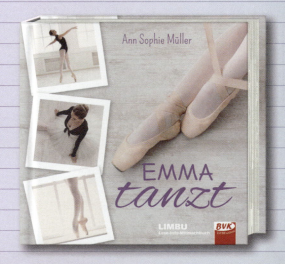

Theo hat es nicht leicht: Das Handy seiner großen Schwester hat Husten und bei Google findet er keinen Frühling. Bei zu langem Duschen muss ein Sondereinsatzkommando eingreifen, aber ein Schrubber ist noch lange kein Grund für Liebeskummer. Und Theo fragt sich zudem: Sind Gedichte nur was für Omas? Darf man eine Mama auch mal erfinden? Und hinterlassen Frösche Kratzer beim Küssen? Vielleicht sollte er lieber darüber nachdenken, wie er Antje aus seiner Klasse ansprechen könnte, aber da ist auch noch die sehr spezielle Hausaufgabe seiner Lehrerin. Zum Glück hat Theo ja diese verrückt tolle Familie ...

Hardcover ab 10 J., 140 S., **Best.-Nr.: LI88**
ISBN 978-3-86740-618-5

Locke, dreizehn Jahre alt, ist ein begabter Fußballspieler. Sein Ziel: Fußballstar werden. Doch wie soll er das schaffen? Er macht sich einen Plan, einen Matchplan, Lockes Matchplan. Dass das Leben nicht immer so spielt, wie Locke sich das vorgestellt hat, dass es auch Hindernisse und Rückschläge gibt auf seinem Weg, wundert nicht. Auch seine Freundin Eva spielt eine wichtige Rolle.

Hardcover ab 10 J., 192 S., **Best.-Nr.: LI71**
ISBN 978-3-86740-460-0

Ich bin ein Leselauscher - und du?

Leselauscher Wissen – das sind Sachwissenbücher für Kinder ab 7 Jahren zum gleichzeitigen Lesen und Hören. Jedem Buch liegt ein Hörbuch bei, auf dem der Text – speziell auf Leseanfänger ausgerichtet – deutlich und betont mitgesprochen wird. Mit tollen Fotos, vielen Zusatzinformationen und Mitmach-Ideen.

Viele Kinder lieben Tiere und wünschen sich ein eigenes Haustier. Aber welche Bedürfnisse haben eigentlich die verschiedenen Haustiere und wie versorgt man sie richtig?
Darum geht es in „Leselauscher Wissen – Haustiere".
Sophie, die sich liebevoll um ihren Hund Henry kümmert, begleitet die Leser durch das Buch und stellt die verschiedenen Haustiere vor. Dabei erklärt sie die wichtigsten Grundlagen, wie zum Beispiel die richtige Einrichtung für den Nagerkäfig oder die Körpersprache von Hunden. Auch die Besonderheiten der verschiedenen Tiere, die Versorgung in der Urlaubszeit und das Thema Tierschutz werden angesprochen.

Hardcover ab 7 J., 48 S., **Best.-Nr.: SB34**
ISBN 978-3-86740-813-4

Mehr erfahren unter:
www.leselauscher.com
www.buchverlagkempen.de